Was SO nicht im Geschichtsbuch steht

Gerhard Prause

Was SO nicht im Geschichtsbuch steht

Biografie-Rätsel quer durch alle Epochen

GONDROM

Gerhard Prause (1926–2004) veröffentlichte jahrzentelang in der Wochenzeitung *Die Zeit* seine Kolumne *Tratschke fragt: Wer war´s?* Der studierte Literaturwissenschaftler und Historiker löste in diesem Biografierätseln Geschichte in Geschichten auf; sie brachten ihm treue Leser und eine eingeschworene Fangemeinde – bis heute. Zudem trug der Journalist dazu bei, das Profil der *Zeit* zu gestalten, und er schrieb zahlreiche Bücher, Fernsehskripte und Hörspiele.

Covergestaltung und -illustration: Norbert Pautner, München

013

ISBN-10: 3-8112-2709-2
ISBN-13: 978-3-8112-2709-5

5 4 3 2 1

www.gondrom-verlag.de

Inhalt

Kapitel 1
Forscher, Entdecker und Denker 9

Kapitel 2
König, Staatsmänner und Adlige 61

Kapitel 3
Dichter, Maler und andere Künstler 101

Es war … 153

Vorwort

Gerhard Prause alias »Tratschke« gilt als Meister des Geschichtsrätsels: Er zeigt auf unnachahmliche Weise das Menschliche und Allzumenschliche im Leben vieler Berühmtheiten aus Geschichte, Politik, Literatur und Kunst. An Tratschkes Miniaturen sehen wir, dass auch sie ganz normale Menschen waren, die ihre besonderen Eigenarten hatten und oft ausgeprägte Schrullen pflegten. Am Ende jedes Rätsels dürfen Sie, werter Leser, geneigte Leserin, erraten: Wer war's?

Viele Geschichten zaubern schon beim Lesen ein Schmunzeln aufs Gesicht. Manches Rätsel werden Sie selbst entschlüsseln, bei anderen wird die Überraschung groß sein, wenn Sie die Lösung im hinteren Teil des Buches nachschlagen. Sie erfahren dabei Dinge, die Sie vorher wohl nicht vermutet hätten – Kuriositäten und lustige Anekdoten sind in unseren Schulbüchern eben nicht häufig anzutreffen.

So wird Sie das Buch Geschichte für Geschichte, Rätsel für Rätsel unterhalten und im besten Sinne belehren. Viel Spaß!

Kapitel 1

Forscher, Entdecker und Denker

1 Zum 50. wurde ihm ein Haus versprochen

Was ihn so berühmt machte, dass schon den Vierzigjährigen alle Welt kannte und es sogar genügte, ihm Post unter der Adresse »Europa« zu schicken, war eine von ihm entwickelte Theorie, mit der viele Probleme lösbar schienen, allerdings auch neue Probleme entstanden. Zu seinem 50. Geburtstag wollte die Stadt, in der er damals lebte (eine Hauptstadt), ihm ein Haus schenken. Weil er so gerne segelte, sollte es direkt am Wasser liegen. Die Stadtväter fanden auch eines; es lag in einem großen Park an einem breiten, seeähnlichen Fluss.

In Zeitungen und Illustrierten wurde das Haus, das Geschenk der Stadt, bereits abgebildet. Aber als seine Frau es besichtigen wollte, bemerkte sie zu ihrer Überraschung, dass es bewohnt war. Und die Leute, die da wohnten, waren ihrerseits überrascht, weil nämlich die Stadt ihnen in dem Haus ein lebenslanges Wohnrecht verbrieft hatte. Da ließ sich also nichts machen. Und so schlugen die Stadtväter vor, ihm wenigstens einen Teil des großen Grundstücks zu schenken, und zwar jenen Teil, der unmittelbar am Wasser lag; Platz genug für ein zweites Haus sei ja da, meinten sie. Das Haus allerdings sollte er sich nun selbst bauen, auf eigene Kosten.

Er war einverstanden. Aber dann ließ sich auch dieser Plan nicht realisieren, weil nämlich die Stadt den Bewohnern des bereits vorhandenen Hauses außer dem Wohnrecht auch zugesichert hatte, auf dem ganzen Grundstück nicht mehr bauen zu lassen.

Nun bot die Stadt ihm als Geschenk ein anderes Grundstück an; es war nicht so schön wie das andere und lag nicht direkt am Wasser, doch wollten Nachbarn einen Zugang ans Wasser über ihr Grundstück gestatten. Indessen stellte sich heraus, dass die Stadt auch über dieses Grundstück kein Verfügungsrecht hatte.

Wieder machten die Stadtväter einen neuen Vorschlag: Er sollte sich irgendein käufliches Grundstück suchen; die Stadt werde es dann für ihn kaufen. Auch mit diesem Vorschlag war er einverstanden, und seine Frau ging auf die Suche – ihm selber war die Angelegenheit zu Zeit raubend. Außerhalb der Stadt, in einem kleinen Dorf, wohin man ein Stück mit einem Zug und dann noch mit einem Omnibus fahren und schließlich noch eine Strecke zu Fuß gehen musste, fand sie eins. Das wollten sie nehmen. Auch die Stadtväter erklärten sich einverstanden, allerdings, so hieß es nun, müsse die Angelegenheit noch in einer Sitzung behandelt werden. Und da passierte es dann, dass ein Abgeordneter die Frage stellte, ob er denn überhaupt ein solches Geschenk von der Stadt verdient habe.

Jetzt endlich riss ihm die Geduld, und er schrieb an den Bürgermeister einen kurzen Brief: »Mein verehrter Herr Bürgermeister, das menschliche Leben ist sehr kurz, die Arbeitsweise der Behörden aber sehr langsam. Mein Leben dürfte wahrscheinlich zu kurz sein, um mich Ihren Methoden anzupassen. Ich danke Ihnen für Ihre freundlichen Absichten. Aber mein Geburtstag ist nun schon vorüber, und ich lehne das Geschenk ab.«

Das Grundstück in jenem Dorf hat er dann selber gekauft und sich darauf ein Haus gebaut, ein Holzhaus. Seine Frau sagte: »Wir sind auf diese Weise, ohne es zu wollen, allmählich zu einem schönen eigenen Haus im Walde und am Wasser gekommen. Aber wir haben auch den größten Teil unserer Ersparnisse verbraucht. Wir haben nun kein Geld, aber dafür unseren eigenen Grund und Boden. Da fühlt man sich viel sicherer.«

Doch das Gefühl, dort sicher zu sein, erwies sich als trügerisch. Nach wenigen Jahren mussten er und seine Frau einsehen, dass sie in jenem Haus, in jenem Dorf, in jenem ganzen Land, das vor einem der folgenschwersten Umbrüche seiner Geschichte stand, ihres Lebens nicht mehr sicher sein konnten. Und auf der Rückfahrt von einem längeren Aufenthalt in den Vereinigten Staaten beschlossen sie, nicht mehr nach Hause zurückzukehren. Sie gaben ihr Haus, ihr Vermögen, seine Stellung, alles, was sie besaßen, auf und wählten die Freiheit.

Freiheit und Frieden waren für ihn die höchsten Güter. Immer wieder hat er sich gewundert, wie leicht Menschen sich von Menschen unterdrücken lassen, täglich und überall. Er war Pazifist, weil er den Krieg für den Erzfeind des Göttlichen in der Schöpfung hielt. Und er war bereit, den Krieg mit allen Mitteln zu bekämpfen. Aber gegen Ende seines Lebens geriet er in einen schweren Konflikt. Um die bedrohte Freiheit in der Welt zu retten, fühlte ausgerechnet er, der Pazifist, sich moralisch verpflichtet, für den Bau einer vernichtenden Waffe einzutreten. Jahre später klagte er:

»Der Krieg ist gewonnen, der Friede nicht. Der Welt hat man Befreiung von der Angst versprochen, aber tatsächlich hat seit Beendigung des Krieges die Angst zugenommen. Der Welt hat man Befreiung von der Not zugesagt, aber große Teile der Welt stehen heute dem

Hungertode gegenüber, während andere im Überfluss leben.«

Und in einer Botschaft schrieb er, dass »wir, die wir Frieden und Triumph des gesunden Menschenverstandes wollen, mit Bitterkeit feststellen müssen, wie gering der Einfluss ist, den Vernunft und guter Wille heute auf die politischen Ereignisse ausüben«.

Wer war's?

2 Es wird keine Grenze geben für ihre Bosheit

Den Schlaf hasste er, weil er ihm Zeit stahl. Mit der Zeit kam er nie aus; sie reichte bei weitem nicht, auch nur einen Bruchteil seiner vielen und vielseitigen Ideen zu verwirklichen. »Bisher habe ich kein einziges Werk vollendet«, klagte der Vierzigjährige, der unentwegt arbeitete und dabei allenfalls vor der Müdigkeit Angst hatte: »Lieber Tod als Müdigkeit. Keine Arbeit kann mich ermüden. Ich werde nicht überdrüssig zu dienen.«

Die meisten seiner Ideen waren zu weitreichend, und ihre Realisierung wäre zu kostspielig gewesen. Als in jener Stadt, in der er lebte, eine Seuche ausbrach, die nahezu ein Drittel der Einwohner tötete, schlug er vor, die ganze Stadt zu sanieren. Darunter verstand er, die viel zu enge Stadt bis auf ihren Kern abzureißen und einen Kreis von zehn Satellitenstädten zu bauen. »Gib mir Autorität«, schrieb er seinem Herrn, «und ewiger Ruhm wird dir zuteil werden. Du wirst in zehn Städten 5000 Häuser mit 30000 Einwohnern wohnen haben; das in großen Massen angesammelte Volk wird verteilt, das jetzt aufeinander hockt wie die Fliegen, einer auf dem Rücken des anderen, alle Tore mit Gestank erfüllend und leicht eine Beute von Pest und Tod.« Die Wohnhäuser seiner Satellitenstädte sollten fließendes Wasser haben und neuartige Heizungsmöglichkeiten.

Es wurde nichts daraus, wie aus den meisten seiner Ideen nichts wurde. Zu einem nicht unerheblichen Teil lag das an seiner Ungeduld; ihm fielen unentwegt neue revolutionäre Möglichkeiten ein. Dabei fürchtete er ständig, dass man ihm seine Ideen stehlen könnte. Deswegen machte er alle seine Notizen immer in Spiegelschrift, einige sogar in Geheimschrift. Und manchmal ermahnte er sich selbst noch extra zur Vorsicht, indem er an den Rand schrieb: »Niemandem dies zeigen, und du wirst allein den Ruhm haben! Nimm nur einen ganz einfachen Gehilfen ...!«

Nicht nur an den Ruhm (der ihm schon bald ungeschmälert zuteil wurde) dachte er, sondern immer auch ans Geld. Da hatte er sich zum Beispiel ausgedacht, wie man eine ganze feindliche Flotte versenken könnte. Aber noch bevor er sich an die Details seines Plans machte, überlegte er, wie er an der Beute beteiligt werden könnte. Er fand diese Lösung: nicht versenken, sondern ein Ultimatum stellen. »Wenn Ihr nicht innerhalb von vier Stunden kapituliert, wird man Euch auf den Grund des Meeres schicken!« Und dann sein Anteil: »Zuerst musst du«, notierte er für sich selbst, »ein schriftliches Abkommen treffen, wonach die Hälfte des Beutegeldes dir zu gehören hat, und zwar ohne Abzüge.«

Auch daraus ist nichts geworden. Und ebenso blieben die 120 Bücher, die er schreiben wollte, ein Plan. Gemessen an der Fülle seiner Ideen, war das, was er dann tatsächlich verwirklichte, wenig. Aber dieses Wenige war zugleich unvorstellbar viel. Und das gilt für die verschiedensten Gebieten, auf denen er sich betätigte. Zum Beispiel hat er, der Autodidakt, dreißig Leichen seziert, um herauszufinden, wie die Organe des menschlichen Körpers funktionieren.

Übrigens hatte er von den Menschen keine besonders

gute Meinung: »Es wird keine Grenze geben für ihre Bosheit«, schrieb er, »und mit ihrer Wildheit werden sie die großen Bäume der Wälder des Universums zu Boden reißen. Dann, wenn sie satt sind, wird ihr Wunsch davon genährt sein, Tod zu geben, Leiden, Ungemach, Kriege und Wut, ganz gleich, auf wen und was da lebt ...«

Dennoch weisen alle seine Pläne in eine bessere Zukunft. Kurz vor seinem Tode – er starb im Alter von 67 Jahren – beschäftigte er sich mit dem Bau vorgefertigter Häuser.

Wer war's?

3 Aus Furcht, von der Bühne gejagt zu werden

Wenige Namen sind so bekannt geworden wie der seine. Aber wie sooft in solchen Fällen ist es auch hier: Sein Leben, seine Gestalt sind nur umrisshaft erkennbar.

Früh verlor er den Vater, der ein angesehener Kaufmann gewesen war. Sicherlich hat das sein Leben entscheidend beeinflusst. Denn ein Onkel nahm sich nun des Jungen an und sorgte für seine Ausbildung. Der Onkel übte ein hohes geistliches Amt aus. Er sorgte dafür, dass der Neffe gute Schulen besuchte und dann eine akademische Laufbahn einschlug.

Vier Jahre lang studierte er an einer Universität seines Heimatlandes. Dann ging er ins Ausland, wo er sich zunächst noch weitere sechs Jahre einem anderen Studienfach widmete. Und schließlich, nach Abschluss dieses Fachs, absolvierte er noch ein volles Medizinstudium.

Inzwischen hatte der Onkel ihm auch ein Amt beschafft, das ihn finanziell sicherstellte, ohne dass es ihn besonderen Einsatz kostete. Solange er studierte, war er jedenfalls von seinem Amt beurlaubt, während ihm das Geld regelmäßig zufloss. Und auch noch nach dem Studium blieb er seinem Amt noch einige Jahre fern.

33 Jahre war er alt, als er seine Studien abschloss und in die Heimat zurückkehrte, wo der Onkel ihn in seine Dienste nahm, und zwar als Sekretär und als Arzt. Sein anderes Amt, das sein Leben lang seine Haupteinnah-

mequelle war, trat er erst nach dem Tode seines Onkels an. (Inzwischen war er 40 Jahre alt.) Es ließ ihm viel Zeit für private Studien.

Bei diesen privaten Studien ging es um Fragen, die sein ganzes Zeitalter beschäftigten, zumindest die führenden Köpfe. Eine Frage war die nach der Möglichkeit genauerer Zeitbestimmung und Zeiteinteilung. Da er beileibe kein revolutionär denkender Mann war – obwohl man ihn heute gerade als solchen rühmt –, sondern sich bewahrend verhielt, und weil er ein ausgesprochen pedantischer Denker war, kam es ihm zunächst einmal darauf an, für die Zeitfragen die Grundvoraussetzungen in Ordnung zu bringen. Anders gesagt: Er wollte das zu seiner Zeit und seit langem gültige Weltsystem in seinen klaren Grundformen darstellen.

Dabei stieß er jedoch auf einen Denker, der die Zusammenhänge ganz anders gesehen hatte. Und dieser Denker, so schien ihm plötzlich, hatte die Dinge richtig gesehen. Seine Behauptungen übernahm er, und dann legte er seine Ansichten in einem umfangreichen Werk dar. Doch zögerte er, sein Werk zu veröffentlichen. Nicht – wie später fälschlich behauptet wurde – aus Furcht vor seinen Vorgesetzten, sondern – so sagte er selber – aus Furcht, »von manchen Leuten ausgezischt und von der Bühne gejagt« zu werden; »die Furcht vor Spott brachte mich beinahe dazu, den Plan aufzugeben«.

Fast drei Jahrzehnte ließ er sein Werk unveröffentlicht liegen. Offenbar hatte er keine Lust, sich mit den Fachexperten auseinander zu setzen; er muss wohl sehr genau gewusst haben, dass er die Richtigkeit seiner

Theorie nicht beweisen konnte. Daher seine Furcht, »ausgezischt« zu werden. Als er sich doch noch entschloss, sein Buch zum Druck zu geben, geschah dies auf ausdrücklichen Wunsch seiner Vorgesetzten, nicht aber – wie später behauptet – gegen ihr Verbot!

Die Veröffentlichung, die er selber nicht mehr erlebte, wurde jahrzehntelang überhaupt nicht beachtet. Dann jedoch, nachdem ein anderer sich für die darin ausgesprochene These einsetzte, wirkte sie wie eine Revolution. Für eine kurze Zeit, genau für vier Jahre, wurde sein Werk sogar verboten. Dass seine Theorie richtig war, wurde erst sehr viel später bewiesen. Da wusste man von ihm schon nicht einmal mehr, welches eigentlich seine Muttersprache gewesen ist.

Wer war's?

4 Die Philosophen hielt er für Schwätzer

Beim Spielen scheint der vierjährige Johann – so riefen ihn seine Eltern – einmal in den Kanal gefallen zu sein, an dessen Ufer die Hütte seines Vaters stand, eines Gärtners und Maurers. Jedenfalls sah ein zufällig vorübergehender Arbeiter – zwischen der Hütte und dem Kanal verlief eine Straße – den kleinen Johann strampelnd und Wasser schluckend um sein Leben kämpfen. Er zog ihn heraus und hatte damit ein Genie vor dem Ertrinken gerettet.

Dass Johann ein Genie war, stand damals zwar noch nicht fest, doch war immerhin aufgefallen, dass der Vierjährige, der noch nicht lesen konnte, auf jenem Gebiet, auf dem er weltberühmt werden sollte, besonders begabt war. Schon im Alter von drei Jahren soll er seinen Vater einmal korrigiert haben, als der die Löhne seiner Arbeiter einmal falsch berechnet hatte.

Möglicherweise ist das nur eine Legende. Aber nicht zu bezweifeln ist, dass nur wenig später, als Johann in die Schule kam, der Lehrer seine besondere Begabung sofort erkannte. Sie war allerdings auch nicht zu übersehen. Denn als der Lehrer einmal eine Zeit raubende Aufgabe stellte, hatte Johann die Lösung im Handumdrehen heraus, zum Erstaunen des Lehrers, der dann erkennen musste, dass Johann anstelle des üblichen, Zeit raubenden Verfahrens eine auf geniale Weise verkürzte Methode gefunden hatte.

Glücklicherweise hat nun dieser Lehrer seinen Schüler so sehr gefördert, wie es ihm möglich war. Und so kam Johann einige Jahre später auf ein Gymnasium, zum Stolz der Mutter, doch zum Ärger des Vaters, der in der Begabung seines Sohnes nichts als eine Spielerei sah, von der man sich nicht ernähren konnte. Vielleicht hätte der Vater ihn vom Gymnasium doch wieder heruntergenommen, damit der Sohn ein ehrbares Handwerk erlerne, wenn dieser nicht auch dort schon bald wegen seiner Begabung aufgefallen wäre. Einer der Gymnasialprofessoren machte den Landesfürsten auf ihn aufmerksam. Dadurch kam der Vierzehnjährige in eine Vorschule für ein Universitätsstudium; die Kosten übernahm der Herzog. Hier gelangen ihm bereits seine ersten Entdeckungen, zu denen später, auf der Universität, immer weitere hinzukamen.

Übrigens hat er trotz seiner genialen Begabung noch lange geschwankt, ob er sich nicht einem ganz anderen Gebiet zuwenden solle, nämlich dem Studium der klassischen Philologie. Erst im Alter von 19 Jahren entschied er sich gegen die Philologie und für sein Gebiet. Drei Jahre später wurde er zum Doktor promoviert. Und nach weiteren zwei Jahren erschien sein erstes großes Werk, mit dem er sich sofort in die erste Garnitur der Gelehrten seines Fachs einreihte, ja von ihnen als der führende Kopf anerkannt wurde. Das blieb er sein Leben lang, das er nun über viele Jahre als Universitätslehrer führte, wobei er die Lehrtätigkeit indessen als eine schwere Last empfand.

Zweimal war er verheiratet, die erste Frau starb nach der Geburt des dritten Kindes, das wenig später ebenfalls starb; die zweite Frau schenkte ihm ebenfalls drei Kinder.

Mit Bereichen, die außerhalb seines Faches lagen, konnte er nicht allzu viel anfangen. Die Philosophen hielt er für Schwätzer; von Shakespeare mochte er allenfalls die Komödien, von Goethe und Schiller so gut wie gar nichts; und den Medizinern brachte er ein tiefes Misstrauen entgegen. Dennoch musste der Siebenundsechzigjährige eines Tages einen Arzt bemühen, der Herzerweiterung und eine beginnende Wassersucht diagnostizierte. Daran ist er einige Wochen später gestorben.

Wer war's?

5 Für die einen kriminell, für die anderen Genie

Nicht nur in Schulbüchern gilt er als einer der größten Helden; ganze Völker reißen sich um ihn, das heißt, beanspruchen ihn posthum als Nationalheiligen. Aber es gibt Wissenschaftler – man muss hinzufügen, dass sie einer nicht gerade populären Disziplin angehören –, die die Heldenverehrung nicht mitmachen, sondern ihn ganz anders sehen. Nach ihrer Auffassung überwogen bei ihm eindeutig negative Charakterzüge.

Er war ein Abenteurer, ein Glücksritter, sittlich minderwertig, ein Prahlhans, Lügner und Aufschneider, voll von Aberglauben, allerdings auch voller Energie, heißt es bei den einen; er war hochmütig, anmaßend, von aufgeblasenem Selbstgefühl und wähnte sich als von Gott auserwählter Heilsbringer. Andere weisen auf Züge von Grausamkeit hin und zugleich auf seinen blinden Autoritätsglauben, auf seinen Fanatismus; Hauptursache seines Erfolges sei Leichtgläubigkeit gewesen.

Den Erfolg kann niemand ihm absprechen (wenngleich auch das wiederholt versucht wurde), aber er sei zufällig gewesen oder allenfalls die Folge seines zähen Festhaltens an seiner verfehlten Theorie, die Folge eines Irrtums. Doch kann man auch lesen, sein Erfolg sei lediglich aus einer Durchschnittsleistung erwachsen; über kurz oder lang hätte irgendein anderer dasselbe erreicht.

Manche sprechen bei ihm von Größenwahn und nen-

nen ihn einen Paranoiker mit Wahn- und Sinnestäuschungen, mit halluzinatorischen Größenideen. Auch geizig sei er gewesen. Und habgierig. Erheblicher Egoismus wird ihm nachgesagt. Dazu mangelnde Wahrheitsliebe. Überdurchschnittliche Begabungen werden ihm abgesprochen. Einige fragen gar, ob er nicht kriminell gewesen sei.

Wie er ausgesehen hat, weiß man nicht. Zwar ist er auf Bildern dargestellt, aber sie stammen aus der Phantasie. Dasselbe gilt für Beschreibungen. Von hoher und schlanker Gestalt, rothaarig und mit langem Gesicht. Ein anderes Mal heißt es, er sei »weit über mittelgroß und von starkem Gliederbau gewesen; seine Augen waren voll Feuer, das Haar rot, der Teint lebhaft und rosig gefärbt«.

Solche Beschreibungen und Bilder implizieren den Helden, als der er gemeinhin gilt. Alexander von Humboldt lobte seine »fast instinktmäßige Klarheit des Geistes« und »die Erhabenheit und Festigkeit des Charakters«. Goethe sagte im Hinblick auf seine Tat: »Es gehörte denn doch zuletzt ein Mann dazu, der das alles zusammenfasst, um Fabel und Überlieferung in Wirklichkeit zu verwandeln.« Schiller nannte ihn einen »Genius«. Und Jacob Burckhardt meinte, er sei groß, sehr groß gewesen, »weil er sein Leben und eine enorme Willenskraft an ein Postulat setzte, welches ihn mit den größten Philosophen in einen Rang bringt«.

So sehr kann das viel beschworene »Urteil der Geschichte« schwanken.

Er selbst hat übrigens seine große Entdeckung gar nicht erkannt. Gesucht hat er das Ursprungsland des Goldes. Und aus seinem Tagebuch geht hervor, dass er

Tag und Nacht an Gold dachte und immer wieder Gott darum bat, ihn das Goldland finden zu lassen. Aber es wäre falsch, ihn deswegen der Habgier zu bezichtigen. Gold war ihm nur Mittel zum Zweck.

Er hat dann wirklich Gold gefunden, wenngleich bei weitem nicht die erhofften Mengen. Er ist sehr reich geworden. Dass er in Armut gestorben sei, ist eine Legende.

Wer war's?

6 Wirkte durch Stille und Bescheidenheit

Nachdem er im Alter von 16 Jahren das Abitur bestanden hatte – mit ganz vorzüglichen Noten –, wusste er nicht, welchen Beruf er wählen sollte. Da er vor allem auf musikalischem Gebiet begabt war – er spielte sehr gut Klavier und auch Violoncello –, erkundigte er sich bei seinem Musiklehrer nach den Aussichten eines Musikstudiums. Die Antwort: »Wenn Sie schon fragen, studieren Sie etwas anderes!«

Als Alternative erschien ihm ein naturwissenschaftliches Studium möglich, aber sein Physiklehrer riet dringend ab, und zwar mit der Begründung, da sei im Wesentlichen alles erforscht. Eine Zeit lang dachte er daran, Altphilologe zu werden, denn in Latein und Griechisch war er besonders gut.

Man kann schwerlich sagen, dass er schließlich jenen Weg ging, den er gehen musste. Er jedenfalls war überzeugt, dass es auch ein anderer hätte sein können, und wahrscheinlich hätte er in einem anderen Beruf ebenfalls Überdurchschnittliches geleistet. In einem Zeugnis des Vierzehnjährigen hieß es: »Mit Recht der Liebling seiner Lehrer und seiner Mitschüler, der Jüngste der Klasse und bei aller Kindlichkeit ein sehr klarer, logischer Kopf. Verspricht etwas Rechtes.« Und ein anderes Mal: »Macht durch sein artiges, bescheidenes Benehmen einen sehr guten Eindruck.« Seine Bescheidenheit wurde immer wieder gerühmt, auch in späterer Zeit, als er es zu hohen Ämtern gebracht hatte. »Er wirkte durch seine Stille und Bescheidenheit, die ihn über das Getriebe der politischen ... Kreise hinaushob«, schrieb ein Kollege.

Allerdings kam auch für ihn eine Zeit, in der es nicht mehr möglich war, in Stille und Bescheidenheit über das politische Geschehen hinwegzusehen. Zwar hatte er keinerlei Anlagen zum Revolutionär, er war im Gegenteil seinem innersten Wesen entsprechend durchaus staatsloyal, und für die pazifistische Haltung eines ihm befreundeten, ebenfalls berühmten, ja noch berühmteren Fachkollegen, der die Kriegsdienstverweigerung propagierte, fehlte ihm das Verständnis, aber er kam dennoch mehr und mehr in Gegensatz zu jenen Forderungen, die aus politischen Gründen an ihn gestellt wurden. Das galt noch mehr für seinen Sohn, der diesen Gegensatz mit dem Leben bezahlen musste. Vergeblich hat der Vater – wie er selber schrieb – »Himmel und Hölle in Bewegung« gesetzt, »um wenigstens eine Umwandlung des Todesurteils in eine Freiheitsstrafe zu erwirken«.

Mit dem Sohn verlor er das letzte seiner vier Kinder aus erster Ehe. Sein ältester Sohn war gefallen (nachdem einige Jahre zuvor seine erste Frau gestorben war). Ein Jahr später starb eine seiner Töchter bei der Geburt ihres ersten Kindes. Seine zweite Tochter, eine Zwillingsschwester der Verstorbenen, nahm sich des Kindes an und heiratete später den Witwer. Aber dann, nach etwa zwei Jahren, erlitt sie dasselbe Schicksal wie ihre Schwester: auch sie starb bei der Geburt ihres ersten Kindes.

Zu jener Zeit war er zum zweiten Mal verheiratet, mit einer fast 25 Jahre jüngeren Frau. Auch sie erlebte mit ihm nicht nur glückliche Tage. Da war die Zerstörung seines Hauses und der Verlust seiner Bibliothek und seiner Aufzeichnungen. Es kam die Krankheit, und es kam die Evakuierung.

Er hat auch das durchgestanden, und trotz seines hohen Alters und seiner Krankheit hat er noch einmal ein Amt übernommen und jene Institution wieder aufgebaut, der er über viele Jahre angehört hatte und die heute seinen Namen trägt. Als er im Alter von 89 Jahren starb, schrieb sein alter Freund und einstiger Kollege: »Wie anders und besser stände es um die Menschheit, wenn mehr von seiner Eigenart unter den Führenden sein würden ...«

Wer war's?

7 Eine lebenslange Abneigung gegen Eichen

Schon als junger Mensch bewies er den Mut, neue Wege einzuschlagen, die vor ihm noch niemand gegangen war. Aber er war enttäuscht, als seine älteren, konservativen Kollegen ihm nicht folgten. Für Kritik war er zu empfindlich, und das Ausbleiben von Anerkennung hat ihn anfangs deprimiert. Es hat ihn aber zugleich angespornt, denn er wollte zeigen, dass er etwas konnte.

Dieses Motiv, ausgelöst durch eine Bemerkung des Vaters, muss für ihn eine eminent wichtige Rolle gespielt haben. Aus nichtigem Anlass hatte der Vater einmal im Beisein des sieben- oder achtjährigen Knaben geäußert: »Aus dem Buben wird nichts werden.« Später schrieb er dazu: »Es muss eine furchtbare Kränkung für meinen Ehrgeiz gewesen sein, denn Anspielungen an diese Szene kehren immer in meinen Träumen wieder und sind regelmäßig mit Aufzählungen meiner Leistungen und Erfolge verknüpft, als wollte ich sagen: Siehst du, ich bin doch etwas geworden.«

Dabei war er von Natur aus passiv. Er scheute sich, aktiv einzugreifen, und er sagte einmal, es gebe drei Dinge, denen er sich nicht gewachsen fühle, nämlich Regieren, Heilen, Erziehen. Trotz seiner passiven Grundhaltung aber hat er wie wenige dazu beigetragen, das Leben nicht nur einzelner Menschen, sondern ein ganzes Zeitalter zu verändern. Nicht durch direktes Eingreifen, nicht mit Gewalt, sondern durch Verstehen, Erklären, Analysieren.

Ausgangspunkt seines Nachdenkens war oft sein eigenes Erleben. So zum Beispiel die Liebe zu seiner Frau, sein Verhalten während ihrer langen Verlobungszeit. Oder irgendwelche Erlebnisse, die ihm zu schaffen machten, oft auch Träume. Zum Beispiel wollte er seiner Braut einen Strauß Eichenblätter schenken, sie aber wies den Strauß zurück; die Folge seiner Enttäuschung war eine lebenslange Abneigung gegen Eichen. Oder ein anderes Erlebnis, das sehr viel tiefer ging und ihn immer wieder beschäftigte und ihn schließlich zu neuen, überraschenden Einsichten führte: Als Junge hatte er einmal seine Mutter nackt gesehen, und dabei hatte er ihr gegenüber sexuelle Wünsche empfunden und Eifersucht gegenüber seinem Vater.

Später ist behauptet worden, sein ganzes Lebenswerk sei aus nicht überwindbaren ambivalenten Spannungstendenzen erwachsen, die sich aus dem Konflikt mit dem Vater ergaben. In der Tat war sein Verhältnis zum Vater nicht gut; er war der Liebling der Mutter, die 20 Jahre jünger war als der Vater.

Er selbst war es, der für solche Deutungen die Voraussetzungen schuf, der den Menschen für derartige Einblicke erst die Augen öffnete. Aber viele wollten nicht sehen, was er sah. Und so glaubte er lange Zeit nicht daran, mit den Ergebnissen seiner wissenschaftlichen Methoden noch bei Lebzeiten Anerkennung zu finden. Als Sechsundfünfzigjähriger schrieb er einem Mitarbeiter: »Für mich bin ich nicht sehr erwartungsvoll; wir haben eine trübe Zeit durchzumachen, nach welcher Anerkennung wohl erst für die nächste Generation blühen wird. Aber wir haben das unvergleichliche Vergnügen der ersten Erkenntnisse.«

Aber da er noch eine ganze Reihe von Jahren vor sich hatte, erlebte er schließlich doch, wie seine Erkenntnisse sich mehr und mehr durchsetzten. Den Achtzigjährigen freute es besonders, dass ein berühmter zeitgenössischer Schriftsteller in einer Laudatio vom »menschlichen Heileffekt« der von ihm gegründeten Wissenschaft sprach und seine Einsichten »weltverändernd« nannte.

Er lebte danach noch gut drei Jahre, trotz seiner schweren Krankheit bis zuletzt arbeitend.

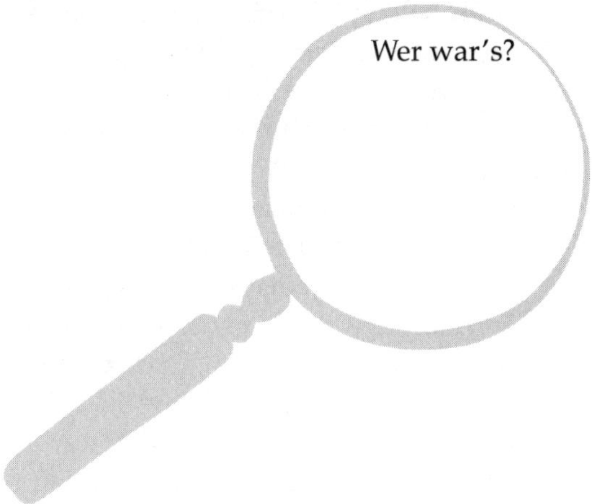

8 Immer und überall spielte er die erste Geige

Warum er den Beinamen »Der Kleine« hatte, ist kaum noch herauszufinden. Möglich, ja wahrscheinlich ist, dass er wirklich von kleiner Statur war, wie es in einigen der vielen Bücher, die über ihn geschrieben worden sind, behauptet wird. Dies würde seinen unbändigen Ehrgeiz, in allem der Erste sein zu wollen, ein wenig verständlicher machen.

Er war der Sohn eines Händlers, der es durch Fleiß und Geschick zu Wohlstand gebracht hatte und seinem Sohn ein freies, finanziell unabhängiges Leben ermöglichte. Der Sohn scheint dies weidlich ausgenutzt zu haben. Offenbar hat er, jedenfalls zunächst, nicht im entferntesten daran gedacht, sich seinen Lebensunterhalt selbst zu verdienen. In den zahlreichen Biografien gibt es auch keinerlei Hinweis darauf, dass er etwas gelernt, dass er studiert hätte. Zwar heißt es einmal, er habe den »Meistern der Wissenschaft nacheifern« wollen, ja, er habe sie gar zu übertreffen versucht, aber dann wird nur davon berichtet, dass er sich um die Freundschaft der eleganten jungen Adligen seiner Vaterstadt bemühte, die »die meiste Zeit mit Festgelagen und Umzügen verbrachten«.

Und weiter schreibt einer seiner Biografen: »Freilich war er kein Edelmann. Aber er gebot über zwei Werte, die noch mehr Gewicht hatten als Adelstitel: Geld und ritterliches Benehmen. Kultiviert, liebenswürdig und gewandt, verstand er es, Sympathien zu gewinnen. Da er sehr reich war, unterstützte er die unbegüterten Adligen und machte sie sich zu Schuldnern.« – Genau genommen war es allerdings nicht er, der reich war, sondern sein Vater.

Eines Tages muss er eingesehen haben, dass ein solches Playboyleben keine Basis für Freundschaften und wirkliches Ansehen sein konnte. Nachdem er in politische Wirren hineingezogen worden war, an einem kriegerischen Unternehmen teilgenommen hatte, in Gefangenschaft geraten und schwer erkrankt war, kam er mehr und mehr zu der Überzeugung, dass sein bisheriges Leben leer gewesen und er nur Eitelkeiten nachgelaufen war. Und so kam es bei ihm zu einer – wie man später gesagt hat – Bekehrung, zu einer Wandlung. In der Tat zählte für ihn nun nicht mehr der Reichtum, sondern das gerade Gegenteil; Reichtum und jegliche Form von Besitz lehnte er fortan ab.

Man könnte allerdings fragen, ob dies wirklich eine Wandlung war, oder ob er nicht nur die Vorzeichen ausgetauscht hat, während er selbst ganz unverändert blieb. Sein Ehrgeiz, immer und überall die erste Rolle zu spielen, hatte sich jedenfalls nicht geändert. Und er spielte sie auch jetzt wieder keineswegs aus eigener Kraft. Als er meinte, allen Besitz hergeben zu müssen – in diesem ersten Fall für den Wiederaufbau eines Gotteshauses –, da nahm er aus dem Geschäft seines Vaters mehrere Ballen Tuch, verkaufte sie und spendete das Geld für den Kirchenbau. Es kam zu einer heftigen Auseinandersetzung mit dem Vater, und als sich ein ähnlicher Fall wiederholte, verklagte der Vater den freigebigen Sohn, der auf seine Kosten der Freigebigste von allen sein wollte, kurzerhand beim Stadtrat. Der Sohn war schlau genug, sich als im Dienste Gottes stehend zu bezeichnen; daraufhin wurde der klagende Vater an das bischöfliche Gericht verwiesen. Und dort nahm der Bischof den Beklagten in seine Obhut.

Von nun an war er frei auf seinem Weg, der ein Weg zu Christus, seinem großen Vorbild, werden sollte. Doch hinter allem, was er an Gutem und Bewundernswertem erreichte, stand bis ans Ende seines nur vierundvierzigjährigen Lebens im Grunde dieselbe persönliche Motivation, nämlich stets die erste Rolle zu spielen: Er musste der Ärmste der Armen sein und schließlich derjenige, der Christus am ähnlichsten war.

Wer war's?

9 Dürftigkeit spornt zu Fleiß und Arbeit an

Er und seine Geschwister verlebten eine ruhige, abgeschirmte, idyllische Kindheit, nach der er sich – was nicht nur viele seiner Briefe und Tagebuchaufzeichnungen, sondern auch ein Teil seines Lebenswerkes deutlich machen – ein Leben lang zurückgesehnt hat. Mit der Welt außerhalb des eigenen Hauses und des Gartens kam er als Kind kaum in Berührung, auch nicht, als er Lesen, Schreiben und Rechnen lernen musste. Da kam ein Präzeptor ins Haus, um ihn und die Geschwister zu unterrichten. Als Dreißigjähriger hat er dieses Idyll beschrieben: »Wir schliefen neben der dunkelgrün auf weiß gestreiften Wohnstube, in der hellgrünen und breiter gestreiften Schlafkammer, ich und W... in einem Bett, vor uns war das Bett von Vater und Mutter mit dem grau und dunkelblau gestreiften Vorhang. Morgens beim Aufstehen brauste nebenan die Teemaschine ... Der Vater las das Morgengebet auf den Tag ab und rauchte nachher.«

Der Vater war Beamter, zunächst Staatssekretär, dann Justizamtmann. »Beim Mittag- und Abendessen mussten wir oft auf ihn warten, weil er noch zu amtieren hatte.«

Am schönsten war es sonntags. Denn da gab es zum Mittagessen »Fleischbrühsuppe mit Eiern, Rindfleisch mit Pfefferkraut und Essig und Wirsingkraut ... Nach dem Mittagessen zwischen dem Kaffee ging der Vater gern in Hof und Hausgarten, schnitt Weintrauben zum

Dessert ab oder untersuchte den Hühner-, Enten- und Taubenstall, fütterte die Enten im Trog mit Hafer, welche sich dabei mit den Hälsen untertauchten, besah die Pferde und ging durch den Schafstall zu den Kühen … Auch hielten wir Schafe, die aber meist auf dem Feld waren und nicht heimkamen, die jungen Lämmchen waren eine besondere Freude und der Vater sah auf schwarze, wegen der schwarzen Wolle zu nicht schmutzenden Strümpfen, dergleichen wir viele Jahre trugen.«

Dies zeigt, wie im Hause des Justizamtmanns gespart wurde. Richtig einschränken aber musste die Familie sich, nachdem der Vater überraschend an Lungenentzündung gestorben war und die Mutter sechs Kinder allein durchbringen musste. Später schrieb er in seiner Selbstbiografie: »Dürftigkeit spornt zu Fleiß und Arbeit an, bewahrt vor mancher Zerstreuung und flößt einen nicht unedlen Stolz ein, den das Bewusstsein des Selbstverdienstes gegenüber dem, was anderen Stand und Reichtum gewähren, aufrechterhält. Ich möchte sogar die Behauptung allgemeiner fassen und vieles von dem, was Deutsche überhaupt geleistet haben, gerade dem beilegen, dass sie kein reiches Volk sind.«

Ähnlich dachte sein um ein Jahr jüngerer Bruder, an dem er sehr hing und mit dem er vieles gemeinsam machte: »Ich habe keine Lust, ein vornehmer und angesehener Mann zu werden, meine Wünsche gehen nur dahin, in einfachen, natürlichen Verhältnissen wie bisher leben zu können …«

Zu jener Zeit waren sein Bruder und er längst aus dem Kindheitsidyll heraus. Sie hatten eine höhere Schule besucht (mit ganz ausgezeichneten Ergebnissen), sie hatten studiert und waren inzwischen selbst Universitätslehrer. Und sie hatten sich frühzeitig einen Namen gemacht; durch ein von ihnen gemeinsam zusammengestelltes Buch, das noch heute allgemein bekannt ist, waren sie populär geworden. Ihr Ruhm nahm noch zu, als sie wegen ihrer freiheitlichen Gesinnung von der Universität, an der sie lehrten, verwiesen wurden und das betreffende Land verlassen mussten. Gemeinsam begannen sie danach ein Werk, das erst in unserer Zeit – von anderen – vollendet wurde.

Nachdem der jüngere von ihnen im Alter von 72 Jahren gestorben war, lebte und arbeitete der Ältere noch vier Jahre.

Wer war's?

10 Zum Heiraten war er zu schüchtern

Plötzlich wollte er heiraten. Der Zweiunddreißigjährige, der in Fachkreisen bereits berühmt war, hatte die Bekanntschaft einer jungen Holländerin gemacht. Nach nur wenigen Tagen und einem gemeinsamen vierstündigen Spaziergang machte er ihr einen schriftlichen Antrag: »Mein Fräulein! ... Nehmen Sie allen Mut Ihres Herzens zusammen, um vor der Frage nicht zu erschrecken, die ich hiermit an Sie richte: Wollen Sie meine Frau werden? Ich liebe Sie, und mir ist es, als ob Sie schon zu mir gehörten ... Glauben Sie nicht auch daran, dass in einer Verbindung jeder von uns freier und besser werde, als er es vereinzelt werden könnte ...? Wollen Sie es wagen, mit mir zusammen zu gehen, als mit einem, der recht herzlich nach Befreiung und Besserwerden strebt? Auf allen Pfade des Lebens und des Denkens?«

Sie wollte es nicht wagen, und er ließ die Sache auf sich beruhen. Aber den Gedanken an eine Heirat gab er noch nicht auf. Aufgeben wollte er seine Stellung als Ordinarius, und zwar aus gesundheitlichen Gründen. Immer häufiger litt er an äußerst starken Kopfschmerzen. »Mir ging es so schlimm!«, schrieb er seiner Schwester; »innerhalb von 14 Tagen lag ich 6 Tage zu Bett mit 6 Hauptanfällen, der letzte ganz zum Verzweifeln.«

Und weiter berichtete er in diesem Brief, wie eben seine immer schlechter werdende Gesundheit den Plan »einer Verheiratung mit einer zu mir passenden, aber notwendig vermöglichen Frau« hatte aufkommen lassen; »in diesem Sommer soll nun das Projekt gefördert werden«, schrieb er, sodass er schon im Herbst verheiratet sein könnte.

Nun fehlte aber nicht nur die Frau. Erschwerend kam hinzu, dass er alles andere als ein Frauenheld war. Frauen gegenüber war er unsicher, ja ungewöhnlich gehemmt, obwohl – oder gerade weil – er in einem Hause aufgewachsen war, in dem nach dem frühen Tod seines Vaters nur Frauen das Sagen hatten. Nur acht Wochen nach der Entstehung des Heiratsprojekts schrieb er denn auch: »Die Verheiratung, sehr wünschenswert zwar, – ist doch die unwahrscheinlichste Sache, das weiß ich sehr deutlich!«

Fünf Jahre später lernte er eine intelligente, junge Russin kennen. Und diesmal wollte er eine Heirat nicht nur, um verheiratet zu sein und im Krankheitsfall Hilfe zu haben, sondern weil er sich wirklich verliebt hatte. Doch hinderte ihn seine Gehemmtheit, mit dem jungen Mädchen zu sprechen. Er bat seinen Freund, für ihn zu werben. Dabei übersah er, dass der Freund ebenfalls in das Mädchen verliebt war; als rivalisierender Liebhaber, der nun die intimsten Wünsche seines Nebenbuhlers kannte, warb der Freund bei dem Mädchen für sich selbst, und die peinliche Situation wurde auch dadurch nicht erträglicher, dass beide ohne Erfolg blieben.

Es war sein letzter Versuch, eine Frau zu bekommen. Unterdessen hatte sich seine Gesundheit weiter verschlechtert. Schon der Mittdreißiger schrieb: »Ich bin am Ende des fünfunddreißigsten Lebensjahres; die ›Mitte des Lebens‹ sagte man anderthalb Jahrtausende von dieser Zeit ... Nun bin ich in der Mitte des Lebens so ›vom Tod umgeben‹, dass er mich stündlich fassen kann; bei der Art meines Leidens muss ich an einen plötzlichen Tod, durch Krämpfe, denken …«

Je kränker er wurde, je dichter jene Anfälle heftiger Kopfschmerzen aufeinander folgten, die manchmal zu Bewusstlosigkeit führten (und allerdings von Perioden höchster, ja euphorischer Schaffenskraft abgelöst wurden), desto deutlicher wurde sein Traumbild von einem gesunden, vitalen Menschentyp. Dieser kranke, einsame, kontaktarme, schüchterne Mann, der – so schrieb die von ihm geliebte Russin – »leicht übersehen werden konnte«, forderte den starken, herrischen Menschen, der sich über alles hinwegsetzt. Dahinter stand die eigene Neigung, sich nicht unterzuordnen – er war vermögend genug, nicht unbedingt Geld verdienen zu müssen – und in allen persönlichen Beziehungen und Freundschaften die führende Rolle spielen zu wollen. In dieser Neigung wurzelte auch seine zersetzende, manchmal zynische Kritik an allem Bestehenden, die ihm von nahezu allen verübelt wurde.

Seinen Weltruhm und die ungeheure Wirkung seines ebenso verführerischen wie fruchtbaren Werkes hat er nicht mehr erlebt. Auch nicht das Ende der von ihm erkannten Entwicklung, zu der er selber allerdings nicht wenig beigetragen hat: »Unsere ganze europäische Kultur bewegt sich seit langem mit einer Tortur der Spannung, die von Jahrzehnt zu Jahrzehnt wächst, wie auf eine Katastrophe los; unruhig, gewaltsam, überstürzt; einem Strom ähnlich, der ans Ende will.«

Der Mensch, den er erträumte, sollte ohne Mitleid sein. »Seid mir gewarnt vor dem Mitleiden: Daher kommt noch den Menschen eine schwere Wolke!« Und:

»Solchen Menschen, welche mich etwas angehen, wünsche ich Leiden, Verlassenheit, Krankheit, Misshandlung, Entwürdigung, – … ich habe kein Mitleid mit ihnen, weil ich ihnen das Einzige wünsche, was heute beweisen kann, ob Einer Wert hat oder nicht, – dass er standhält.«

Als der Vierundvierzigjährige sah, wie ein Droschkenkutscher brutal auf sein Pferd einschlug, brach er in Tränen aus und warf sich dem misshandelten Tier um den Hals.

Es zeigte sich, dass dies ein völliger geistiger Zusammenbruch war, von dem er sich nicht wieder erholen sollte. Noch gut zehn Jahre lebte er in geistiger Umnachtung, von Mutter und Schwester allzu ängstlich abgeschirmt.

Wer war's?

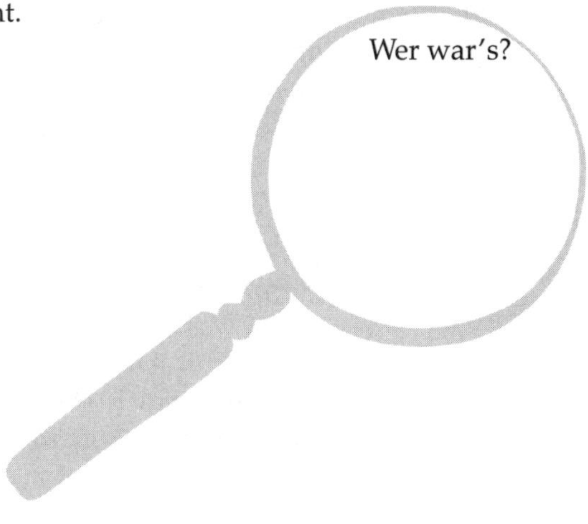

11 Weil er so gut rasieren konnte

Sein Schicksal ist ein Beweis dafür, dass das Reisen schon in der »guten, alten Zeit« nicht ungefährlich war. In seinen Erinnerungen hat er beschrieben, wie er im Jahre 1775 vor der nordafrikanischen Küste von Seeräubern gefangen genommen wurde. Verwundet brachte man ihn nach Algier und versteigerte ihn an einen Berber. In dessen Haus wurde er nachts mit anderen Sklaven im Keller eingesperrt. Wegen einer gefährlichen Verletzung am Fuß kam er dann jedoch in ein Gefangenenlazarett.

Er schreibt, dass damals in Algier eigentlich alle nur von der Arbeit der gefangenen Christen lebten beziehungsweise von den eingehenden Lösegeldern. Er selbst kam durch seine Geschicklichkeit im Umgang mit dem Rasiermesser ganz gut über die Runden: »Meine Kunst, gut zu rasieren, war ruchbar geworden. Eines Tages trat der Slesky, einer von den obersten Aufsehern des Lazaretts, zu mir und befahl mir, ihm unverzüglich zu folgen. Ich gehorchte und trat mit ihm in ein Gemach seines Hauses, wo auf einem Tische ein Dutzend guter Rasiermesser lagen. Ohne ein Wort zu sprechen, warf er ein Kleidungsstück nach dem andern von sich, entblößte den Leib und befahl mir nun, ihn überall zu rasieren, wo ich Haare fände. Da mir die Sitte, die den Mohren befiehlt, sich alle Monate beim Eintritt des ersten Mondviertels auf diese Art rasieren zu lassen, völlig unbekannt war, so wusste ich freilich anfangs nicht, was ich vor Verwunderung denken sollte. Indessen griff ich das Werk mit Freuden an und vollendete es zu seiner Zufriedenheit.«

Am folgenden Tag vermittelte jener Aufseher, den er so gut rasiert hatte, ihm einen zahlenden Kunden, jedoch nur, um sich an dem Geschäft zu beteiligen: »Er führte mich in ein wohlgebautes Haus, ... in welchem der Eigentümer mir durch einen Kulon (einen Sklaven) ein scharfes Schermesser überreichen ließ, sich dann nackend in ein silbernes Becken legte und mir nun winkte, dass ich ihn rasieren möchte. Ich erfüllte seinen pantomimischen Befehl, wie es schien, zu seiner Zufriedenheit, und sobald ich damit fertig war, überreichte er mir zur Belohnung 6 Sopikas (nach unserem Gelde ungefähr 4 Groschen); aber kaum war ich außerhalb der Mauern des Hauses, als mir der hartherzige Slesky das Geld bis auf einen Sopika abnahm. Doch auch dieser einzige machte mich schon äußerst munter, da ich lange Zeit keinen Kreuzer Werts in meinem Besitze gehabt hatte.«

Zusammen mit dem Aufseher hat er sein Rasier- und bald auch Barbiergeschäft recht gut ausgebaut. Andere Arbeiten brauchte er nicht zu machen, und er durfte sich verhältnismäßig frei bewegen, wenn er auch immer wieder in seinen Kerker zurück musste. Eines Tages lernte er den in Algier ansässigen französischen Konsul kennen, der sich seine Geschichte erzählen ließ und ihn dann zu sich ins Haus nahm, wo es ihm ausgesprochen gut ging.

Etwa ein Jahr war er schon im Haus des Franzosen, als eines Tages spanische Missionare vom »Orden der Befreiung« nach Algier kamen. Sie hatten an den Höfen

Europas Geld gesammelt, um gefangene Christen freizukaufen. Unter den Glücklichen von – wie er schätzte – wenigstens 30 000 Gefangenen, die zu jener Zeit in Algier festgehalten wurden, war auch er. Und so kam er nach insgesamt dreieinhalbjähriger Gefangenschaft endlich wieder frei und durfte Algier verlassen.

Wer war's?

12 Am Ende hielt er alle für Polizeispitzel

Weil bei seiner Geburt die Mutter starb, übernahm der Vater, ein ruheloser Mann, der mehrere Jahre lang als Uhrensachverständiger am Sultanshof von Konstantinopel gelebt hatte, eine Zeit lang auch, daheim, eine Tanzschule leitete, seine Erziehung. Frühzeitig lernte der Junge, der über eine außergewöhnliche Auffassungsgabe verfügte, Lesen und Schreiben; schon der Sechsjährige las, was immer er an Büchern auftreiben konnte.

Die Jahre beim Vater waren seine glücklichste Zeit, die jedoch überraschend ein Ende fand, als der Vater wegen eines Rechtsstreits den Wohnort wechselte und dabei den Sohn bei seinem Schwager zurückließ und ihn nie wieder sah. Der Sohn – er war inzwischen acht Jahre alt – hat sich von da an sein Leben lang nicht mehr sicher gefühlt. Er wurde misstrauisch, fürchtete stets, dass andere ihn verdrängen wollten und gegen ihn konspirierten. Er litt schließlich an echtem Verfolgungswahn. Und er kam nirgendwo richtig zur Ruhe.

Der Onkel gab ihn an einen Pfarrer, dann zu einem Notar. Nirgendwo hielt der Junge es lange aus. Er versuchte sich in allen möglichen Berufen, und schließlich vagabundierte er durch die Lande, als Musikant, Taschenspieler, Gigolo, eine Zeit lang war er Hauslehrer, Sekretär, dann Hausdiener. Bei einer jungen Frau, die gescheiterten Existenzen zu helfen versuchte, fand er für längere Zeit ein Zuhause und in jener Frau zugleich eine Geliebte. Auch das war vorübergehend. Denn eines Tages verliebte er sich in eine Jüngere, eine Hausangestellte, ein – wie er später schrieb – »gefühlvolles, schlichtes und jeglicher Gefallsucht bares Mädchen«. Zwar konnte die Zweiundzwanzigjährige nicht schreiben und kaum richtig lesen, ja sie kannte nicht einmal die Uhr (es gelang ihm auch nicht, ihr das Zifferblatt verständlich zu machen), ebenso wenig konnte sie sich die Reihenfolge der zwölf Monate merken, ja nicht einmal Geld zählte sie richtig. Kurz, sie war – so sagte er – eine »Personne stupide«, ein dummes Frauenzimmer. Ihm aber gefiel sie.

Er sah in ihrem Geist die »unberührte Natur« und erklärte sich bereit, mit ihr zu leben, allerdings ohne sie zu ehelichen: »Ich sagte ihr im Voraus, dass ich sie niemals verlassen, aber auch niemals heiraten würde.« Da er sich inzwischen ein beträchtliches Wissen angeeignet hatte, versuchte er anfangs, auch »ihren Geist zu bilden«, aber, gestand er, »das war verlorene Mühe«. Und überdies stand ihm der Sinn offenbar mehr nach Zärtlichkeit: »Unsere süße Gemeinschaft ersetzte mir alles andere: die Zukunft kümmerte mich nicht mehr.«

Ergebnis dieser süßen Gemeinschaft war nach einigen Monaten ein Kind. Das stellte die beiden vor ganz neue Probleme. Aber Freunde brachten ihn auf die Lösung, die er selber auch sofort »kühn« und »ohne das geringste Bedenken« wählte, nämlich das Kind ins Findelhaus zu geben. Die Einwände seiner Geliebten musste er indessen erst »besiegen«: »Nur nach undenklichen Mühen gelang es mir, sie zur Annahme dieses einzigen Mittels zu bewegen, das ihre Ehre retten konnte.«

Nach nur einem Jahr standen sie vor demselben

Problem, und wieder gaben sie ein Kind ins Findelhaus. Ebenso machten sie es mit dem dritten, dem vierten und dem fünften, ihrem letzten Kind. Inzwischen hatte er einmal geschrieben – in einem Buch, das auf die Pädagogik nachhaltigen Einfluss ausgeübt hat: »Wer die Pflichten eines Vaters nicht erfüllen kann, hat nicht das Recht, es zu werden. Weder Armut noch Arbeit noch menschliche Rücksichten entbinden ihn der Pflicht, seine Kinder zu ernähren und zu erziehen.«

Hätte er ein Leben mit Kindern aushalten können? Abgesehen davon, dass seine Einkünfte wirklich nicht ausreichten, eine Familie durchzubringen, war er viel zu ruhelos. Es trieb ihn von Ort zu Ort und von Land zu Land. Er schrieb Opern, Operetten, Singspiele. Dann Bücher. Aber weil er überempfindlich war, konnte er keinerlei Kritik vertragen; schon die leiseste Andeutung von Kritik empfand er als persönlichen Angriff gegen sich. Und sobald er sich angegriffen und unverstanden fühlte, ergriff er die Flucht.

Seine Empfindlichkeit wurde größer und größer. Immer mehr zog er sich von den Menschen zurück, verkroch sich in die Einsamkeit. Aber andererseits konnte er nicht leben ohne die Anerkennung der anderen, der Gesellschaft, die er in Grund und Boden verdammte und von der er sich verfolgt glaubte. Selbst Freunden misstraute er, und ständig hatte er Angst vor Besuchern, vor Briefen und Anschlägen.

Als ein befreundeter Dichter in einem Theaterstück den Satz sagen ließ: »Nur der Bösewicht lebt für sich allein«, bezog er ihn auf sich und war sogleich überzeugt, dass auch jener Freund zur Clique seiner Verfolger gehöre. Und als ihm ein berühmter Philosoph, dem er eins seiner Bücher geschickt hatte, schrieb: »Man bekommt regelrecht Lust, auf allen Vieren zu gehen, wenn man Ihr Buch liest«, da traf ihn das so, dass er wieder einmal sofort den Wohnort wechselte, weil er mit einem, der ihn so kritisierte, nicht in derselben Stadt leben könne. Es wurde immer schlimmer mit ihm. Es war krankhaft. Immer häufiger wechselte er die Wohnsitze, die Gönner ihm zur Verfügung stellten. Überall sah er nach kurzer Zeit in den Gastgebern, in der Dienerschaft nichts als Polizeispitzel, die ihn ausspionieren sollten, und er hielt Fußböden, Türen, Fenster und Türschlösser für präpariert.

Trotz seines Verfolgungswahns aber arbeitete er an seinem Werk, das ihn weltberühmt werden ließ. Eigentlich aber ist dieses Werk, das das bestehende gesellschaftliche System von Grund auf in Frage stellte, nichts anderes als eine einzige Selbstverteidigung seines Schöpfers, der im Alter von 66 Jahren starb.

Wer war's?

13 Ich wollte im reinen Äther leben

Von Kindheit an empfand er es als problematisch, von anderen gesehen, genauer: angesehen zu werden. »Angesehen werden heißt, sich als unbekanntes Objekt unerkennbarer Beurteilungen erfassen«, schrieb er später. Von anderen zum Objekt gemacht zu werden, weckte in ihm die Furcht, unfrei gemacht, ja versklavt zu werden: »Ich bin in dem Maße Sklave, in dem ich in der Tiefe meines Seins von einer Freiheit abhängig bin, die nicht die meine ist und die doch die Bedingung meines Seins ist.«

Immer war es für ihn wichtig, ja, von existenzieller Bedeutung, andere Menschen zu sehen, ehe sie ihn sehen. Deswegen hat er es immer geliebt, hoch oben zu wohnen. Er brauchte diesen Blick von oben herab, diesen Überblick von einem erhöhten Standpunkt aus, diesen Ausblick auf die Dinge, die Menschen, die Stadt, in der er lebt, einen Teil des Lebens überhaupt. Unten, sagte er, in den Tälern, sei ihm stets das Atmen schwer geworden, und die Ebene habe ihn bedrückt, die Schwere habe ihn zu Boden gepresst. Aber das kleinste Hügelchen genügte, um ihn wieder fröhlich sein zu lassen.

Die Welt von oben sehen, gleichsam aus der Vogelschau, bedeutet ihm, die Welt objektivieren, sie ordnen, sie gewissermaßen neu schaffen. Wenn er den Himmel sieht, die ziehenden Wolken, die Häuser, die Bäume, die Straßen, die Autos, die Menschen, dann hat er dies alles um sich herum gruppiert, wobei er sich selbst als den Mittelpunkt empfindet, als Mittelpunkt der Welt, die er sich dabei untertan macht.

Problematisch wird sein egozentrisches Verhältnis zur Welt jedoch – wie schon gesagt – dann, wenn ein anderer hinzukommt, der nun seinerseits die Dinge und auch ihn anblickt und auf dieselbe Weise versucht, sich die Welt und die Menschen untertan zu machen. Er meint, dass Menschen sich bekleiden, ist eigentlich ein Versuch, nicht gesehen zu werden, nicht Objekt eines anderen zu sein.

Aber auch bekleidet ist der Mensch für andere sichtbar. Deswegen ist es besser, den erhöhten Standpunkt zu wählen. Was ihn selber angeht, so hat er bestritten, sich jenen erhöhten Standpunkt von sich aus gewählt zu haben. Er ist, sagt er, eben immer oben gewesen; schon als Kind wohnte er im sechsten Stock eines Hauses, und später schrieb er: »Jeder Mensch hat seinen natürlichen Standort; über die Höhenregionen entscheiden weder Stolz noch Wert: darüber bestimmt die Kindheit. Mein Standort war ein sechster Stock … mit Aussicht auf die Dächer …«

Als er dies schrieb, saß er noch höher, nämlich im zehnten Stock eines Neubaus, und er fügte hinzu: »Hätte ich mir als Kind diesen erhöhten Standpunkt verdienen wollen, so müsste man in meiner Vorliebe für Dachfenster die Auswirkung von Ehrgeiz oder Eitelkeit erblicken, eine Überkompensation meiner kleinen Statur. Keineswegs; es ging gar nicht darum, auf meinen geheiligten Baum zu klettern: ich saß dort bereits, ich weigerte mich, hinabzusteigen: es ging nicht darum, mich oberhalb der Menschen anzusiedeln: ich wollte im reinen Äther leben, unter den luftigen Trugbildern der Dinge …«

Später allerdings – so fügte er hinzu –, hat er sich »mit ganzem Eifer bemüht, nach unten zu gelangen; dazu braucht man Sohlen aus Blei.« Und er, dem das Sehen und Ansehen, das Von-oben-Herabsehen, so eminent wichtig war, starb nahezu blind.

Wer war's?

14 Sein Konsum an Alkoholika war gewaltig

»Gestern Abend wurde meine liebe Frau von einem gesunden Knaben glücklich entbunden« – mit dieser Geburtsanzeige, die der Vater in die Zeitung setzen ließ, war von ihm zum ersten Mal öffentlich die Rede. Fast 29 Jahre später brachten die Zeitungen seinen polizeilichen Steckbrief:

»Alter 26 bis 28 Jahre, Größe 5 Fuß 6 Zoll, Haare blond, Stirn frei, Augenbrauen blond, Augen blau, Nase und Mund proportioniert, Bart rötlich, Kinn oval, Gesicht oval, Gesichtsfarbe gesund, Statur schlank. Besondere Kennzeichen: spricht sehr rasch und ist kurzsichtig.«

Immerhin war der Flüchtige weitsichtig genug, seinen Verfolgern rechtzeitig zu entkommen. In der Annahme allerdings, sein Aufenthalt im Exil werde nur ein kurzes Provisorium sein, hatte er sich gründlich getäuscht; das Exil dauerte viereinhalb Jahrzehnte – bis zu seinem Tod. In Voraussagen für die Zukunft – und er hat sehr viel vorausgesagt – lag er eigentlich immer schief. Überhaupt hat er sich, da er nicht nur – wie es im Steckbrief hieß – schnell sprach, sondern nahezu ebenso schnell schrieb, sehr oft vertan. So zum Beispiel in seinem Urteil über das Volk der Bulgaren: »Die Bulgaren haben sich selbst geschildert in ihren Volksliedern ... Da spielt das Feuer eine große Rolle. Ein Haus brennt, die junge Frau verbrennt, weil ihr Ehemann, statt ihrer, lieber seine schwarze Stute rettet. Ein andermal rettet eine junge Frau ihren Schmuck und lässt dafür ihr Kind verbrennen ... Wo in der Welt finden Sie ein solches Sauvolk wieder?«

Im Exil hat er nicht etwa Not gelitten. Er tat dort einfach das, was er ohne seine Flucht auch getan hätte: Er trat in den väterlichen Betrieb ein. Dabei kam es ihm in erster Linie darauf an, sich »vor zu großer Überbeschäftigung auf dem Kontor zu schützen«, zugleich aber möglichst viel Geld zu bekommen, was ihm auch gelang. Voller Stolz meldete er schon nach kurzer Zeit seinem Freund, er habe mit seinem »Alten« ziemlich hohe »Repräsentations- und Tafelgelder« ausgemacht, und er meinte: »Mit einem solchen Salär geht die Sache schon.« Und nach nur drei Jahren konnte er seinem Freund mitteilen: »Im vorigen Jahr hab ich Gott sei Dank meinem Alten die Hälfte seines Profits aufgefressen.«

Als er das schrieb, kämpfte er gerade wieder um eine weitere Erhöhung seiner Einnahmen, und für den ihm unzweifelhaften Fall eines Sieges stellte er in Aussicht: »... wird sich dann in feine lodgings gezogen, feine Zigarren und Weine angeschafft etc., damit wir imponieren können.«

Das war nicht nur so dahingesagt. Für Zigarren, gute Weine, Champagner hat er viel Geld ausgegeben. Sein Konsum an Alkoholika war gewaltig, zumal er schon mit einem Frühschoppen begann und manche Nacht durchgezecht hat, wobei nicht selten auch Frauen mithalten mussten. Sein Programm hatte er als Siebenundzwanzigjähriger so umrissen: »Hätt ich 5000 Fr. Rente, ich tät nichts als arbeiten und mich mit den Weibern amüsieren, bis ich kaputt wär.«

»Kaputt« ging er mit 74 an Kehlkopfkrebs. Bis dahin

hat er sich nicht nur amüsiert, sondern auch immer gearbeitet. Da ihm das Schreiben sehr leicht fiel, hat er häufiger Artikel für seinen Freund geschrieben, das heißt, sie unter dessen Namen veröffentlicht, um ihm zu helfen. Seine Hilfsbereitschaft ihm gegenüber war unerschöpflich, vor allem auch in finanzieller Hinsicht, denn der Freund kam mit seiner Familie von einer Misere in die andere. Er half sogar, dessen zeitweise etwas schiefe Familienverhältnisse in Ordnung zu halten: Als der Freund mit der im Hause lebenden Haushälterin ein Verhältnis begann, aus dem ein Sohn hervorging, sprang er ein, indem er sich selber als Vater jenes Jungen bezeichnete.

Wer war's?

15 Versah seine Vorfahren mit Adelstiteln

Lebensangst und mangelnde Selbstsicherheit prägten schon seine Kindheit. Der Vater war früh gestorben, die Mutter hatte wieder geheiratet. Er musste zur Großmutter und fühlte sich abgeschoben, verraten, im Stich gelassen. Er wünschte, das Haus der Mutter und des Stiefvaters möge in Flammen aufgehen. Sogar Morddrohungen hat er in seinem Tagebuch notiert, in denen sich seine grenzenlose Hilflosigkeit zeigt.

Gleichsam als Gegengewicht gegen den Stiefvater, für den er nur Hass empfinden konnte, machte er den vor seiner Geburt verstorbenen Vater fast zu einer mythischen Gestalt; indessen störte ihn dabei, dass der Vater nur ein Freisasse gewesen war. Deswegen bedachte er – auch später noch – seine Vorfahren freizügig mit Adelsprädikaten. Und noch etwas hat ihn zeitlebens gestört: der Hochzeitstag seiner Eltern; im Hinblick auf seine Geburt lag er zu spät. Deswegen hat er ihn vordatiert. Ihm war es wichtig, dass alles in einer fest gefügten Ordnung seinen unverrückbaren Platz hatte, damit es unangreifbar blieb.

Auch er selber wollte unangreifbar sein. Als Schüler war er noch sehr ängstlich. Eines Tages aber verschaffte er sich in einer erbitterten Schlägerei Respekt. Von da an war ihm klar, dass es darauf ankomme, sich immer und überall restlos einzusetzen. Von da an hat er immer, wenn er sich angegriffen fühlte, bis zur völligen Niederlage seines Gegners zu kämpfen versucht. Mit allen

Mitteln. Und er ist häufig angegriffen worden im Laufe seines 84 Jahre langen Lebens.

Nach seinem Studium übernahm er, dreiunddreißigjährig, die Professur und Nachfolge seines Lehrers. Zwar las er – trockener und ohne die Selbstironie des allgemein beliebten Vorgängers – anfangs vor ziemlich leeren Bänken. Aber das machte ihm nichts aus. Denn zehn Jahre zuvor waren ihm die wichtigsten Grundgedanken gekommen, Erkenntnisse, die eine Reihe von Naturerscheinungen erklärten. Und seine einstige Unsicherheit war in egozentrische Überheblichkeit umgeschlagen. Doch änderte das nichts an seiner Empfindlichkeit. Als ein Kollege ihm vorwarf, eine seiner entscheidendsten Ideen plagiiert zu haben, war er zutiefst getroffen; diese öffentliche Kränkung hat er nie verwunden: Noch 20 Jahre nach dem Tod jenes Kollegen konnte er von ihm nur mit großer Erregung sprechen.

Es kamen weitere Angriffe; der schwerste wohl von einem weithin anerkannten Philosophen. Er siegte über ihn – zumindest für seine Zeit –, indem er ihn (wie alle Gegner aus seiner Generation) einfach überlebte. Auch in diesem Streit spielte die Frage der Urheberschaft eine entscheidende Rolle.

Weitere Angriffe gegen ihn berührten seine Intimsphäre. Der Junggeselle hatte eine Nichte in sein Haus genommen, in seine Obhut. Das junge Mädchen im Haus des Berühmten wirkte als anziehender Pol auf die Gesellschaft jener Stadt, besonders auf die jungen Männer. Als er dann ein hohes und verantwortungsvolles Amt übernahm, erzählte man, er habe das weniger seinen eigenen Fähigkeiten als den Vorzügen seiner Nichte zu verdanken. Kein Geringerer als der junge Voltaire sorgte dafür, dass diese Version weite Verbreitung fand. Doch war er, der Betroffene, der sich gegen diesen Vorwurf nur ungeschickt verteidigt hatte, da nicht mehr unter den Lebenden.

Wer war's?

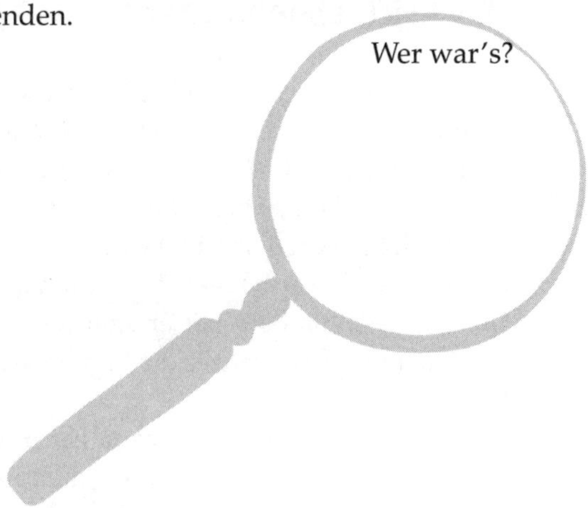

16 Stets die Brücken hinter sich abgebrochen

Der Mittdreißiger war einer der meistbewunderten Männer seiner Zeit. Eine mehrjährige Reise, auf der er zwar unmittelbar vor dem ersehnten Ziel umkehren musste, hatte ihn so berühmt gemacht, dass er mit Auszeichnungen geradezu überschüttet wurde. Dann folgten Jahre stillen Arbeitens; im Turmzimmer seines großen Hauses, von dem aus er weit über Meer und Wald blicken konnte, wertete er die Ergebnisse seiner Expedition aus.

Acht Jahre lebte er in jener Zurückgezogenheit – allerdings nicht allein; er hatte geheiratet, und mit seiner Frau hatte er fünf Kinder. Während jener Zeit erhielt er einen Lehrauftrag und eine Professur. Doch war das Interesse für seine Forschungen nicht groß; meist las er vor nur einem Dutzend Studenten. Das trug dazu bei, dass er seinen Aufgabenkreis schließlich als zu eng empfand und einem Ruf ins politische Leben folgte. Während Frau und Kinder daheim blieben, ging er als Gesandter ins Ausland.

Dort verliebte er sich in eine andere Frau, und das führte zu einer Krise in seinem Leben. Denn als seine Frau davon hörte und er versuchte, sich von der anderen zurückzuziehen, drohte jene mit Selbstmord. Aus Furcht, sie könne ihre Drohung wahr machen, wagte er nicht, das Verhältnis zu lösen. Fast ein Jahr lang blieb er in dieser ihn sehr belastenden Situation, die er seiner Frau offen schilderte.

Dennoch hätte dies eine Episode bleiben können, wenn nicht seine Frau, erst 40 Jahre alt, plötzlich gestorben wäre, an einer Lungenentzündung. Nach ihrem Tode litt er an Depressionen und warf sich vor, sich zu wenig um sie gekümmert zu haben. Erst jetzt kehrte er in die Heimat zurück, wo er seine Forschungen wieder aufnahm und sich seinen Kindern widmen wollte. Das jüngste, ein Sohn, war mit einem Gehirnschaden auf die Welt gekommen; es starb im Alter von neun Jahren. Auch dies hat ihn tief getroffen.

Er zog sich nun völlig in sich zurück, ritt stundenlang allein durch die Wälder, verhärtete sich. Seine Kinder mussten darunter leiden; statt sie enger an sich zu binden, stieß er sie mit häufigem Geschimpfe und auch mit Schlägen zurück. Er wurde immer strenger gegen sie.

Übrigens war auch er selber streng erzogen worden. Der Mann, der so vielen als Vorbild an Furchtlosigkeit und unbedingter Härte gegen sich selbst galt, sagte im Alter: »Von Natur war ich weich, nur die Strenge der Erziehung hat mich hart gemacht.« Vor allem eines hatte man ihm als Kind eingeprägt: selbstständig zu sein und in jeder Situation möglichst ohne fremde Hilfe auszukommen.

Doch war das nicht Erziehung zum Egoismus. Er selbst hat die letzten Jahrzehnte seines Lebens nur die eine Aufgabe gekannt: anderen Menschen zu helfen. Er machte es möglich, dass eine halbe Million Kriegsgefangener in ihre Heimat zurückkehren konnte; unter schwierigsten Bedingungen schuf er für Hunderttausende heimatlos gewordener Flüchtlinge eine neue Heimat, indem er riesige Landgebiete kultivieren ließ. Und als es in einem großen Land zu einer Hungersnot kam, der annähernd fünf Millionen Menschen zum Opfer fielen, hat er auch da für Hilfe gesorgt und damit Millionen Menschen das Leben gerettet.

Die Überwindung jener Hungersnot war der größte Erfolg seines Lebens; auch er war – wie seine vielen anderen Erfolge – nur möglich, weil es für ihn keine Halbheiten gab, sondern immer nur den bedingungslosen Einsatz: »Ich habe«, sagte er einmal vor Studenten, »bei allen meinen Unternehmungen, die mir glückten, zunächst meine Schiffe hinter mir verbrannt und die Brücken abgebrochen.«

Wer war's?

Kapitel 2

Könige, Staatsmänner und Adlige

17 Das Abitur noch jahrelang im Traum nachgeholt

Er war ein guter Schüler, überdurchschnittlich gut sogar. In seinem Abiturzeugnis hieß es: »Sein Betragen war stets ordnungsgemäß und ohne Tadel; er widmete allen Unterrichtsgegenständen rege Teilnahme und angestrengten Fleiß.« In fast allen Fächern hatte er »gut«, in Gesang sogar »sehr gut«, im Turnen aber nur »genügend«.

Viele Jahre später, als alter Mann, erzählte er anlässlich einer Jubiläumsfeier seiner Schule, wie er und seine Klassenkameraden sich beim Abitur gegenseitig über die Hürden gebracht hatten. Er gestand es in aller Öffentlichkeit, und Millionen Menschen konnten ihm zuhören, als er sagte:

»Ich kann hier bemerken, es ist zwar nicht sehr recht, dass wir Abiturienten damals doch auf irgendwelche Weise vorher im Besitz der Arbeiten gewesen sind. Und wir haben zum Beispiel für die drei Aufsatzthemen eine Kommission eingesetzt, die die Dispositionen gemacht und verteilt hat. Und bei der lateinischen Arbeit« – und hier fügte er ein: »Es ist alles sehr unmoralisch, meine lieben Zuhörerinnen und Zuhörer, was wir gemacht haben« –, und er erzählte dann weiter: »Bei der Lateinarbeit, die wir auch hatten, da haben wir sogar die Fehler verteilt. Der eine musste so viele Fehler machen und der andere so viele Fehler, und die Besten – dazu gehörte ich übrigens auch – brauchten keinen Fehler zu machen.« Und er fügte hinzu: »Ich war eine der leitenden Personen bei der ganzen Vorbereitung des Abiturientenexamens für die ganze Klasse.«

Dass er organisieren konnte, weil er mit nüchternem Verstand rasch das Wesentliche zu erfassen vermochte, hat er später, nachdem er ein Jurastudium absolviert hatte, noch sehr oft bewiesen, und zwar zunächst viele Jahre lang in seiner Arbeit für seine Vaterstadt. Dennoch ist dem fast Siebzigjährigen nicht erspart geblieben, wegen angeblicher Nichterfüllung seiner Pflichten aus dem Amt gejagt zu werden. In dem Entlassungsschreiben seiner Vorgesetzten hieß es: »Vor etwa zwei Monaten mahnte ich Sie persönlich an Ihre Verantwortlichkeiten … Sie haben diese Verpflichtung nicht zu meiner Zufriedenheit erfüllt … Ich bin jedoch überzeugt, dass mit … Energie auf Ihrer Seite mehr hätte getan werden können … Nach meiner Ansicht haben Sie Ihre Pflicht … nicht erfüllt. Sie werden daher heute aus Ihrem Amte entlassen.«

Er wurde sogar aufgefordert, seine Stadt zu verlassen, in der er fast sein ganzes Leben zugebracht hatte und von wo er aus eben derselben Arbeit schon einmal verjagt worden war. Damals wie dieses Mal wurde ihm ausdrücklich verboten, »weder direkt noch indirekt irgendeiner wie auch immer gearteten politischen Tätigkeit« nachzugehen.

Er hat sich um dieses Verbot nicht gekümmert. Und er hat trotz seines Alters nicht etwa resigniert. Im Gegenteil, man kann sagen, er fing dann erst richtig an. Nachdem er zusammen mit anderen eine politische Partei gegründet hatte, wurde er deren Vorsitzender und übernahm ein Amt, das in seiner Bedeutung und seinen Möglichkeiten weit über das hinausging, aus dem man ihn hinausgeworfen hatte. Und er behielt dieses Amt vierzehn Jahre. Doch blieb er auch danach noch politisch tätig.

Als er sich als Vierundachtzigjähriger an sein Abitur erinnerte, sagte er: »Ich habe später noch jahrelang im Traum das Abitur nachholen müssen – unter den scheußlichsten Umständen und mit einer Angst, die mich oft schweißgebadet aus dem Schlaf emporschrecken ließ.«

Doch allzu sehr haben solche Angstträume ihn nicht erschüttert. Denn immerhin wurde er 90 Jahre alt.

Wer war's?

18 Die Mutter vergöttert, den Vater gehasst

Er war 13 Jahre alt, als er einen der bedeutendsten Denker kennen lernte, nicht zufällig, sondern weil sein Vater ihm diesen Mann als Lehrer ausgesucht hatte. Dieser Mann stand damals schon fast auf der Höhe seines Ruhms. Was er dem Knaben beigebracht hat, ist indessen nicht bekannt. Aber man darf annehmen, dass er ihm zu einer umfassenden Bildung verhalf. Dass er ihm auch politische Ansichten vermittelte, ist unwahrscheinlich. Denn später schrieb er einmal «Es kommt dem jungen Mann nicht zu, sich mit den politischen Wissenschaften zu befassen; er hat keine Lebenserfahrung, und weil er stets noch seinen Gefühlen gehorcht, lauscht er dem Lehrer völlig zwecklos, für nichts.«

Was der Knabe mit Sicherheit von seinem Lehrer angenommen hat, waren die Wissbegier und die Liebe zur Wissenschaft. Doch wurde er trotz seiner Intelligenz, die ihm nachgesagt wird, kein Wissenschaftler, kein Akademiker, sondern Politiker. Und in der Politik hat er einiges zustande gebracht, wenngleich das, was er erreichte, für die Betroffenen nicht immer positiv war. Dazu war er zu ungeduldig, zu schnell. Er hat gewissermaßen schneller gelebt als andere, schneller gedacht, schneller reagiert. Auf die Frage, wie ihm dies und jenes eigentlich habe gelingen können, antwortete er: «Weil ich nichts auf morgen verschob, was heute getan werden musste.«

Dies war das eine, was ihn von anderen unterschied.

Das andere war das absolute Fehlen von Minderwertigkeitskomplexen. Er muss in sich völlig sicher gewesen sein, sicher auch in seiner Maßlosigkeit. Wahrscheinlich hatte die Mutter ihm dieses unglaubliche Überlegenheitsgefühl eingeimpft, die Mutter, die von vielen als zügel-, ja sittenlos geschildert wurde, die er jedoch vergötterte, weil er sie liebte. Den Vater scheint er gehasst zu haben. Eben daraus erklären manche seinen Ehrgeiz und sein wahnhaftes Größegefühl. Dass er die Mörder seines Vaters so streng verfolgte, war im psychologischen Sinn nichts als Überkompensation des eigenen Vaterhasses. Inzwischen war er 20 Jahre alt.

Wenig später schickte er sich an, die Welt zu verändern. Die ganze Welt. Sein Lehrer hat ihn dabei mit Interesse beobachtet, und er hat versucht, von daher weiterhin auf seinen ehemaligen Schüler Einfluss zu nehmen. Es ist ihm nicht gelungen, und es kam zwischen ihnen zum Zerwürfnis, weil sie in grundsätzlichen Fragen entgegengesetzter Ansicht waren. Es ging dabei um die Einschätzung fremder Völker. Anders als der Lehrer wollte er nicht wahrhaben, dass es Menschen zweiter Klasse geben solle (wenngleich er sich selbst für einen Gott hielt). Die Menschen waren für ihn alle gleich, weil er glaubte, sie alle untereinander verschmelzen zu können.

Er hatte nicht mehr die Zeit, seine eigentlichen Ziele anzugehen. Er starb zu früh, fast noch ein Jüngling. Aber als Verkörperung strahlender Jugendlichkeit ist er unsterblich geworden. Indessen blieb er auch als Städtegründer im Gedächtnis der Welt. Eine von ihm gegründete Stadt, die noch heute seinen Namen trägt, besaß einmal die größte Bibliothek der Welt.

Über seinen frühen Tod (im Alter von 33 Jahren) ist viel gerätselt worden. Manche haben behauptet, er sei infolge Alkoholmissbrauchs im Delirium tremens gestorben. Andere hielten eine Vergiftung für wahrscheinlich. Am wahrscheinlichsten ist jedoch die Diagnose Malaria.

Er hatte übrigens ein blaues und ein braunes Auge.

Wer war's?

19 Am liebsten saß er in seinem Gärtchen

Die Schulzeit hat ihm nicht sonderlich gut gefallen. Er war zuviel Freiheit gewöhnt. Die Mutter hatte ihn und seine Geschwister sehr liberal erzogen. So hatte sie ihnen zum Beispiel ein großes Spielzimmer eingeräumt, wo sie an Regentagen ungehindert spielen, raufen und sogar die Wände bemalen durften. Sie hat die Kinder aber nicht etwa verzärtelt. «Meine Schwiegermutter und mein Mann«, sagte sie später, als alle ihre Kinder in wichtigen Spitzenpositionen saßen, «waren so nachsichtig gegen die Kinder, dass sie beim leisesten Weinen und Wehklagen herbeiliefen, um sie zu liebkosen. Ich meinerseits war streng oder nachgiebig, wie die Gelegenheit es erforderte.« Sie legte viel Wert auf körperliche Bewegung und brachte den Kindern Reiten und Schwimmen bei.

Der Fünfjährige kam in einen Kindergarten, wo fast nur Mädchen waren. Wie er später erzählte, entbrannte er da in Leidenschaft zu einer kleinen Schönheit namens Giacominetta, die jedoch seine Liebe nicht erwiderte, und zwar deswegen nicht – so meinte er –, weil ihm stets seine Strümpfe bis auf die Knöchel herunterrutschten.

In dieser Vorschule blieb er nur kurze Zeit. Dann ging er, zusammen mit einem seiner Brüder zu einem Priester, um Lesen, Schreiben und Rechnen zu lernen. Rechnen und später Mathematik hat ihm immer sehr viel Freude gemacht. Diesen seinen ersten Lehrer hat er noch in seinem Testament mit einer großen Geldsumme bedacht.

Eines Tages erhielt er ein Stipendium für den Besuch einer angesehenen Schule, die jedoch von seinem Zuhause weit entfernt war. Ihm erschien sie wie ein Gefängnis. Die Erziehung war hart: Es gab niemals Ferien, nur in Ausnahmefällen durften die Zöglinge den Schulbereich verlassen, und nicht einmal Geschenke von außerhalb durften angenommen werden. Unter seinen Mitschülern war er der Kleinste, und schlimm war für ihn, dass die anderen sich ständig über seine schlechte Aussprache mokierten; er hatte die Landessprache – die Sprache jenes Landes, an dessen Spitze er später einmal stehen sollte – erst lernen müssen, denn bei ihm daheim wurde eine andere Sprache gesprochen.

So blieb er auf dieser Schule meist für sich allein, lernte oder träumte – dies vor allem in seinem kleinen Garten. Jeder Zögling musste nämlich ein kleines Stückchen Land betreuen, auf dem er Gemüse oder Blumen ziehen konnte. Er hat sich mit seinem Gärtchen besonders viel Mühe gegeben.

Dieser landwirtschaftliche Unterricht stammte aus einer Zeit, da jene Schule ein klösterliches Internat war. Daher kam es auch, dass die Lehrer noch Angehörige des Franziskanerordens waren. Sie trugen braune Kutten und an den Füßen bloß Sandalen, während die Zöglinge in militärischen Uniformen steckten. Hauptunterrichtsfächer waren Latein, Französisch, Mathematik, Geografie, Geschichte und Physik. Außerdem wurde in Festungsbau und Zeichnen unterrichtet. In Mathematik war er sehr gut, in anderen Fächern brachte er durchschnittliche, in einigen schlechte Leistungen. Seine

Handschrift – so heißt es – war und blieb immer eine Schande, seine Rechtschreibung war haarsträubend, sein Französisch das eines Barbaren. Er lernte nur, was ihn interessierte. Außer Mathematik interessierten ihn Geografie und Geschichte. Und alles, was mit Seefahrt zusammenhing.

Der Zwölfjährige entschloss sich, später einmal zur Marine zu gehen. Seitdem schlief er in seiner Zelle nicht mehr in einem Bett, sondern in einer Hängematte. Zu jener Zeit hieß es in einer Beurteilung von ihm, er habe «eine ausgezeichnete Konstitution und Gesundheit«. Und weiter: «Sein Betragen zeugt von großer Regelmäßigkeit, und er hat sich stets durch sein Interesse an der Mathematik ausgezeichnet. Er besitzt gründliche Kenntnisse in Geschichte und Geografie. Er ist sehr schlecht im Tanzen und Zeichnen. Er wird einen vortrefflichen Seemann abgeben.«

Ein Jahr später kam er an eine weiterführende Schule, an der er die theoretischen Voraussetzungen für den Beruf eines Marineoffiziers erlernen sollte. Sein Französisch war immer noch schlecht, vor allem die Orthografie; denn er schrieb nach Gehör. Sehr gut war er weiterhin in Mathematik, in Geografie und Geschichte. Mäßig blieben seine Leistungen in den Fächern Festungsbau und Zeichnen, sehr mäßig im Deutschen. Hervorragend war er im Fechten.

Auf dieser Schule gefiel es ihm besser als auf der anderen. Die Schule war noch ziemlich neu, und er fand alles geradezu prunkvoll und luxuriös. So die Tapete in den Zimmern (blau mit goldenen Lilien), die Vorhänge und nicht zuletzt, dass der Schlafsaal mit einem großen Kachelofen beheizt werden konnte. Das Essen war ausgezeichnet, die Lehrer waren Experten, und am besten gefiel ihm die Uniform, die er jetzt tragen musste, blau mit rotem Kragen und silbernen Tressen.

Auf dieser Schule arbeitete er sehr fleißig, fleißiger als je zuvor. Das hatte einen familiären Grund: Sein Vater war gestorben, und er wollte nun schnell in seinen Beruf kommen, um – so hatte er es versprochen – seiner Mutter, die er sehr liebte, finanziell helfen zu können. Bei den folgenden Prüfungen schnitt er so gut ab, dass er den normalerweise zwei Jahre dauernden Kursus in nur einem Jahr absolvierte. Er war genau 16 Jahre und 15 Tage alt, als er sein Offizierspatent erhielt – übrigens doch nicht für die Marine.

Und was er seiner Mutter versprach, hat er gehalten. Er unterstützte sie und seine jüngeren Geschwister, sobald er dazu in der Lage war. Und er ließ die Mutter nicht in der Ferne sitzen, sondern holte sie zu sich, als er ganz oben war, und ließ sie (wie auch die Geschwister) an allem teilhaben, was er tat. Und er tat nichts Geringeres, als dass er die ganze Welt durcheinander wirbelte – in der Absicht, sie zu verbessern.

Wer war's?

20 Dreimal musste der Henker zuschlagen

Ihr Leben lang hatte sie eine Vorliebe für Maskenkostüme, überhaupt für Verkleidungen jeder Art. Manchmal verkleidete sie sich als Mann und ging oder ritt dann inkognito durch die Straßen. Zu jener Zeit war sie Mitte Zwanzig, sie war schlank, etwa einen Meter achtzig groß.

Mit 15 hatte sie zum ersten Mal geheiratet, mit 16 war sie in der Gesellschaft ganz oben (an der Seite ihres etwa gleichaltrigen Mannes), mit 18 war sie schon Witwe. Und wenn sie auch ein zweites und noch ein drittes Mal heiratete, ihre glücklichste Zeit lag hinter ihr.

Glücklich war vor allem ihre Kindheit gewesen, wenngleich sie sie fern vom Elternhaus verbracht hatte, von ihrem sechsten Lebensjahr an sogar in einem fremden Land. Doch waren die Menschen ihrer Umgebung freundlich zu ihr, und auch in der Fremde lebte sie behütet und umgeben von einigem Luxus.

Von Kind an liebte sie Tiere. Als sie zehn Jahre alt war, hatten sie und ihr späterer Mann – die beiden wuchsen zusammen auf – vier große Hunde und 22 Schoßhündchen, sie konnten mit Falken und anderen zahmen Vögeln spielen, und natürlich standen ihnen auch Pferde zur Verfügung. Einmal schenkte man ihnen sogar zwei Bären, die jedoch soviel Schaden anrichteten, dass man sie wieder entfernte.

Um den Kindern eine Freude zu machen, wurden manchmal sogar Komödianten und Akrobaten geholt.

An nichts sollte es ihnen fehlen. Und so kam es, dass die Kinder mit den vielen Bediensteten, die für sie da waren, den Lehrern und Tanzmeistern, den Ärzten, Barbieren, Wäscherinnen, den Köchen, Wasserträgern, Stallknechten schon einen gewaltigen Haushalt hatten. Und dessen Kosten waren beträchtlich. Nach einer Aufstellung wurden einmal an Nahrungsmitteln eingekauft: 250 Brote, 18 Rinder, 8 Schafe, 4 Kälber, 20 Kapaune, 120 Hühner und Tauben, drei Rehe, sechs Gänse und vier Hasen. Niemand musste Hunger leiden, und überhaupt brauchte nicht gespart zu werden. Sie hatte eine unglaublich reichhaltige Garderobe: viele Kleider, Mäntel, Schuhe, eine Menge Schmuck.

Und in all diesem Luxus fühlte sie sich wohl. Denn alle bewunderten sie, manche hielten sie gar für eine Art Wunderkind, weil sie mehrere Sprachen konnte, und zwar außer der Sprache ihres Landes Französisch, Italienisch, Spanisch, ziemlich gut auch Latein und ein wenig auch das Griechische. Sie spielte mehrere Musikinstrumente, sie machte Gedichte und hatte eine Leidenschaft für Bücher.

Dies blieb ihr auch, als es ihr nicht mehr so gut ging. Und auch ihr Charme blieb, mit dem sie immer wieder Männer bezauberte. Doch hat sie den Männern, die sich von ihr bezaubern ließen, kein Glück gebracht – die Männer ihr allerdings auch nicht. Überhaupt hat sie – abgesehen von den Jahren der Kindheit und Jugend – nicht viel Glück gehabt.

Ihr Ende war gewaltsam (im Alter von 44 Jahren) von der Hand eines Henkers, der offenbar nicht gut in Übung war. Dreimal musste er zuschlagen, bis sich der Kopf vom Rumpf trennte. Mit dem ersten Schlag traf er den Hinterkopf, der zweite ging in den Nacken, erst der dritte fiel richtig.

Als der Henker den abgeschlagenen Kopf an dem langen kastanienbraunen Haar (das einst von so vielen gerühmt worden war) aufhob, um den Anwesenden zu zeigen, dass das Todesurteil vollstreckt war, da hatte er plötzlich nur noch das Haar in der Faust, während der Kopf mit einem dumpfen Schlag auf den Boden fiel. Sie hatte längst eine Perücke getragen, um ihr graues, kurz geschorenes Haar zu verbergen.

Wer war's?

21 Täglich ließ er sich den Küchenzettel vorlegen

Man sah es ihm nicht an, dass er das Essen so wichtig nahm und gern und reichlich aß. Zwar war seine Tafel nicht kostbar, aber ausgesucht. Gewöhnlich gab es acht Gerichte, und er sagte: »Wer sich an acht Gerichten nicht satt isst, hat auch an achtzig nicht genug.«

Er liebte vor allem französische und italienische Gerichte, von letzteren besonders Polenta (aus Mais und Käse), dann Pasteten, Kuchen, Mehlspeisen, Schinken und Kohl. Was er nicht liebte, waren Überraschungen. Deswegen ließ er sich an jedem Morgen, oft schon am Abend vorher, den Küchenzettel vorlegen, den er nicht selten eigenhändig änderte. Normalerweise begann das Mittagessen um Punkt zwölf Uhr, wenn aber eines seiner Lieblingsgerichte auf dem Plan stand, ließ er das Essen eine Viertelstunde früher beginnen.

Er hatte zwölf gut bezahlte Köche aus verschiedenen Ländern: Franzosen, Deutsche, Italiener, Russen, Engländer. Jeder war für bestimmte Gerichte zuständig. Und alle unterstanden einem Haushofmeister, der jedes Mal nach der Tafel, die sich bis drei Uhr hinzog, erschien, um von seinem obersten Herrn gelobt oder getadelt zu werden, nachdem dieser sich bei Tische zu den einzelnen Gerichten auf der Speisekarte entsprechende Anmerkungen gemacht hatte.

Wein trank er grundsätzlich mit Wasser vermischt. Gewöhnlich trank er eine Flasche, und zwar meist einen Bordeaux, manchmal auch einen Mosel. In jüngeren

Jahren trank er gern und viel Champagner, doch gewöhnte er sich das ab, weil er meinte, davon Magenkrämpfe zu bekommen. Rheinwein trank er überhaupt nie; er war überzeugt, dass die Gicht, an der auch sein Vater gelitten hatte und die er selbst – so sagte er – von ihm geerbt habe, vor allem durch den Rheinwein, der so sauer sei, dass er ihm den Hals zusammenziehe, entstanden sei.

Oft gab das Essen Anlass zu Wutanfällen. Indessen ging es dabei selten um Fragen der Zubereitung, um so mehr aber um die Kosten. Er wollte nicht sehen, dass die Lebensmittelpreise stark gestiegen waren, seit er den Küchenetat festgesetzt hatte. Sorgfältig prüfte er alle Rechnungen, weil er meinte, es könne nicht mit rechten Dingen zugehen, wenn von der Küche Nachforderungen gestellt wurden. Einmal zum Beispiel, als ihm eine Extrarechnung über 25 Taler, zehn Groschen und 1 ⅕ Pfennige vorgelegt wurde, setzte er folgende Anmerkung darunter:

»Gestohlen, denn ungefähr 100 Austern sind auf dem Tische gewesen, kosten 4 Taler; die Kuchen 2 Taler; Leber 1 Taler; der Fisch 2 Taler; die Kuchen auf Russisch 2 Taler. Macht 12 Taler. Das Übrige gestohlen. Da ein Essen mehr heute ist gewesen, Hering und Erbsen kann 1 Taler kosten, also was über 12 Taler, ist impertinent gestohlen.«

Er war überzeugt, dass grundsätzlich die Hälfte aller Vorräte, die von der Küche gekauft wurden, durch Diebstahl verschwand. Einmal erwischte er einen Lakaien, der sich eine Flasche Wein in die Tasche gesteckt hatte. Ein Donnerwetter ging über den Ärmsten hernieder, das vor einem hinzukommenden Besucher so gerechtfertigt wurde: »Hab ich nicht Grund, dem spitzbübischen Gesindel ein Donnerwetter auf den Kopf zu schicken? Wenn ich sie schalten und walten ließe, wie sie wollen, so würde mir bald kein Pfennig zur Unterstützung unglücklicher Untertanen übrig bleiben.«

Seinen Vater hatte er einst als Geizhals beschimpft, und damals hatte er Schulden gemacht, die der Vater bezahlen musste. Das war anders geworden, nachdem er das Erbe übernommen hatte. Von da an war er sehr darauf bedacht, das Geld zusammenzuhalten.

Wer war's?

22 Als Junge etwas zu frech und naseweis

Sein Vater verstand es, zu Geld und Einfluss zu kommen. Er war so reich, dass er seinen Kindern – vier Söhnen und fünf Töchtern, von denen eine allerdings geistig zurückblieb – einen guten Start fürs Leben geben konnte. Als er, der Zweitälteste, neun Jahre alt wurde, schenkte der Vater ihm eine Million (nach heutigem Geldwert einige Millionen Euro).

Wie auch seine Geschwister wurde er vom Vater auf die besten Privatschulen geschickt. Er war ein sehr guter Schüler, der viel und gern las, hauptsächlich Geschichtsbücher und Biografien. Auch im Sport war er sehr gut. Am liebsten mochte er Schwimmen und Segeln. Beim Fußballspiel zog er sich eine Rückgratverletzung zu, die nie ganz ausheilte.

Die Lehrer scheinen ihn für etwas vorlaut gehalten zu haben. Jedenfalls schrieb der Direktor des Gymnasiums dem Vater: »Er hat die Neigung aller klugen, geistreichen Buben, etwas zu frech und naseweis zu sein.«

Wichtiger noch als die Schule war vermutlich die Erziehung daheim. Die Eltern waren stets darauf bedacht, dass die Kinder am gesellschaftlichen Leben in ihrem Hause teilnahmen. Und da dort sehr viele interessante Menschen verkehrten, bekamen die Kinder allein durch die häuslichen Tischgespräche eine ungewöhnlich breite Bildung. So ging er mit überaus guten Voraussetzungen auf die Universität, eine der bestangesehenen der Welt, um Geschichte und Staatswissenschaften zu studieren. Im Alter von 23 Jahren schloss er das Studium mit Auszeichnung ab.

Drei Jahre später wurde er als Held gefeiert. Gefragt, wie er zum Helden geworden sei, antwortete er: »Ganz einfach, jemand schoss mein Boot unter mir weg.« Es war ein Torpedoboot, und er war der Kommandant. Ein feindlicher Zerstörer sägte es mittendurch. Zwei Mann der Besatzung gingen mit der einen Hälfte unter. Er und die anderen zehn Männer trieben nach jener Kollision im Wasser, gefährdet von dem in Brand geratenen Öl. Niemand kam ihnen zu Hilfe; der Zerstörer war weitergefahren, und Boote ihrer eigenen Einheit waren – so erfuhren sie später – überzeugt, dass von ihnen niemand mehr am Leben sein könne. Er wagte mit seiner Mannschaft den Versuch, schwimmend eine jener zahlreichen Inseln zu erreichen, die sie irgendwo in der Nähe wussten. Erschwerend war, dass einige Männer verletzt waren und kraftlos in ihren Schwimmwesten hingen. Sie mussten mitgezogen werden. Auch er zog einen Verwundeten an der Gürtelschnur von dessen Schwimmweste hinter sich her.

Nach fünf Stunden kamen sie zu einer Koralleninsel, auf der es jedoch weder Nahrung noch Wasser gab. Dennoch mussten sie dort bleiben, nur mit wenigen Notrationen versehen. Er schwamm von dort aus zu anderen Inseln und fand eine, die von Eingeborenen bewohnt war. Dort ritzte er in die Schale einer Kokosnuss einen Rettungsruf. Die Eingeborenen gaben die Nuss weiter, und die Nachricht kam an die richtige Adresse, sodass er und seine Männer schließlich gerettet werden konnten.

18 Jahre später übernahm er eines der mächtigsten Ämter der Welt. Wegen seiner Intelligenz, seines Mutes, seines jugendlichen Charismas war er für viele eine große Hoffnung. Doch noch ehe er seine Pläne realisieren konnte, wurde er im Alter von 45 Jahren ermordet.

Wer war's?

23 Mysteriös vom Anfang bis zum Ende

Auch er selber wollte wissen, wer er war. Zwar wusste er seinen Namen, aber es konnte ebenso gut irgendein Name sein, den irgendwer ihm gegeben hatte. Unklar war auf jeden Fall seine Herkunft. Und so ist es denn nicht verwunderlich, dass er der mysteriösen Aufforderung eines Freundes folgte, sich mit ihm zu treffen, ohne Zeugen, an einem Nachmittag im Park; vielleicht hat jener Unbekannte ihm Hoffnung gemacht, das Geheimnis seiner Herkunft aufdecken zu können, vielleicht ist auch nur seine Neigung zum Geheimnisvollen, zu Trotz und Aufsässigkeit geschickt ausgenutzt worden. Auf jeden Fall ging er hin, während eines Schneegestöbers.

Zurück kam er – wie Augenzeugen später aussagten – im Laufschritt. Daheim, bei dem Lehrer, bei dem er untergebracht worden war, berichtete er, ein Mann habe ihm einen Beutel, eine Art Handtasche, gezeigt und dann mit einem Messer auf ihn eingestochen. Er wies auf eine Wunde in der linken Seite der Brust, die nur sehr wenig blutete. Und zusammen mit dem Lehrer wollte er an den Tatort zurück. Aber nach ein paar hundert Metern kehrten sie um und gingen heim. In der Wohnung brach er zusammen.

Der Vorfall sprach sich schnell herum. Aber nicht alle glaubten, dass er wirklich überfallen worden war. Manche meinten – und zu ihnen gehörte auch der Lehrer –, er habe sich den Stich selbst beigebracht. Schon einmal hatte er von einem Überfall erzählt; auch da hatten viele ihm nicht geglaubt. Immerhin ließ man die Verwundung ärztlich untersuchen. Drei Ärzte hielten sie offenbar nicht für besonders gefährlich. Drei Tage später aber war er tot.

Bei der Sektion zeigte sich, dass der Stich den Herzbeutel zerrissen, das Herz gestreift, das Zwerchfell durchbohrt und die Leber erreicht hatte. Von da an glaubte niemand mehr an eine Verletzung von eigener Hand, zumal am angegebenen Tatort auch der von ihm erwähnte Beutel gefunden wurde. Ein darin enthaltener Zettel aber gab keinen Anhaltspunkt auf den Mörder. So blieb das Ende dieses Lebens (nach 21 Jahren) nicht weniger mysteriös als sein Anfang.

Über den Anfang, offenbar in einem Gefängnis, hat er selber Aufzeichnungen gemacht. Darin heißt es: »Das Gefängnis, in dem ich bis zu meiner Befreiung leben musste, war ungefähr 6 bis 7 Schuh lang, 4 breit und 5 hoch. An der Vorderseite waren zwei kleine Fenster mit Holz verschlichtet, welches ganz schwarz aussah. Auf den Boden war Stroh gelegt, worauf ich zu sitzen und zu schlafen pflegte. Meine Füße waren vom Knie an mit einer Decke bedeckt. Neben meinem Lager auf der linken Seite war auf dem Erdboden ein Loch, worin ein Topf angebracht war; es war auch ein Deckel darüber, den ich wegschieben musste, und immer wieder darauf deckte. Die Kleider … waren ein Hemd, kurze Hosen, in denen aber das Hinterteil fehlte, dass ich meine Notdurft verrichten konnte, weil ich die Hosen nicht ausziehen konnte … Meine Nahrungsmittel waren nichts anderes als Wasser und Brot … An Wasser hatte ich zuweilen Mangel … Ich nahm sehr oft das Krüglein in die Hand, hielt es lange an den Mund, aber es ging niemals Wasser heraus, ich stellte es immer wieder hin und wartete eine Zeit lang, ob nicht bald ein Wasser kommt, weil ich nicht wusste, dass mir das Wasser gebracht werden musste, ich hatte ja keinen Begriff, dass außer mir noch jemand sein könnte ...«

Angeblich hat er 16 Jahre in dem Gefängnis zugebracht. Ob seine Angaben der Wahrheit entsprechen, ist trotz intensiver Nachforschungen nicht geklärt. Noch immer halten die einen ihn für einen Betrüger, andere für einen um sein Erbe gebrachten Prinzen.

Wer war's?

24 Mit fünfzehn heimlich die Eltern verlassen

Mit ihren Eltern und Schwestern war sie in das fremde Land gekommen, wo sie alle sich eine neue Existenz aufbauen mussten. Sie erkannte schon bald, dass für sie die Chance im Lernen lag. Deswegen ging sie gern zur Schule. Aber sie kam fast immer zu spät, weil sie vor Unterrichtsbeginn ihrer Mutter helfen musste, die einen Milchladen aufgemacht hatte. Und oft ließ die Mutter sie überhaupt nicht in die Schule. »Es war für mich schrecklich«, schrieb sie später in ihren Lebenserinnerungen, »dass ich fast jeden Tag zu spät zum Unterricht kam. Oft weinte ich auf dem ganzen Schulweg. Einmal erschien sogar ein Polizist in unserem Laden, um meine Mutter wegen meines Schulschwänzens zur Rede zu stellen. Sie hörte aufmerksam zu, verstand jedoch kaum, was er sagte. Ich kam weiterhin zu spät, manchmal ging ich überhaupt nicht zur Schule – ein noch größeres Unglück. Meine Mutter blieb ungerührt gegen die tiefe Abneigung, die ich gegenüber dem Laden empfand, sie hatte keine Alternative. ›Wir müssen doch leben, oder?‹, meinte sie …« Und was ihr Helfen im Laden betraf, fügte die Mutter hinzu: »Auf diese Weise wirst du wenigstens so bald kein Blaustrumpf.«

Damals war sie neun Jahre alt. Zwei Jahre später setzte sie sich in jener Schule für die ganz Armen ein, die sich keine Schulbücher kaufen konnten. Sie gründete einen Fonds und mietete dann einen Saal, in dem die Elfjährige vor eingeladenen Leuten aus dem ganzen

Distrikt eine Rede über das Thema Schulbücher und deren Kosten hielt und um Spenden bat. Die Mutter hatte ihr geraten, die Rede aufzuschreiben. »Ich fand es jedoch sinnvoller, einfach zu sagen, was ich auf dem Herzen hatte«, erinnerte sie sich. Und das habe sie später immer so gemacht: »Ein halbes Jahrhundert lang hielt ich Reden aus dem Kopf.«

Nachdem sie die Volksschule beendet hatte, im Alter von 14 Jahren, mit guten Zensuren und weit über dem Durchschnitt ihrer Klasse, wollte sie eine höhere Schule besuchen. Ihr Lieblingswunsch war, Lehrerin zu werden. Aber ihre Eltern wollten, dass sie nun ganztägig im Laden arbeiten solle. »Es ist nicht gut, zu klug zu sein«, sagte ihr Vater, »Männer mögen keine intelligenten Mädchen.« Sie antwortete, »unter Tränen ..., dass heutzutage eine gute Ausbildung wichtig sei, auch für verheiratete Frauen«.

Da ihre Eltern von ihrer Meinung, die höhere Schule sei in ihrem Fall »ein ungerechtfertigter Luxus«, nicht abzubringen waren, hat sie – inzwischen eben fünfzehnjährig – die Eltern heimlich verlassen.

Sie hat immer gewusst, was sie wollte, und fast immer fand sie Wege, ihren Willen durchzusetzen. Mehr noch als für sie selbst gilt dies im Hinblick auf ihr Volk und für ihre politische Arbeit, mit der sie ihm diente, selbst dann noch diente, und zwar an oberster Stelle in der Staatshierarchie, als sie längst die tödliche Krankheit in sich hatte, an der sie im Alter von 80 Jahren starb.

Wer war's?

25 Es wird ein lustiges Leben bei Hofe werden

Er hatte das Glück und zugleich das Pech, Erbe seines sehr berühmten, angesehenen, höchst erfolgreichen Onkels zu sein; gegen ihn konnte er ohnehin nur abfallen, aber es kam für ihn erschwerend hinzu, dass der Onkel ihn nicht mochte, so wie er auch seinen Vater schon nicht gemocht hatte, der als Mittdreißiger gestorben war.

Beim Tode seines Vaters war er 14 Jahre alt, und unter den Augen seines Onkels erhielt er eine äußerst strenge Erziehung. Aber sie brachte wenig, ja, vielleicht wurde dadurch alles noch viel schlimmer, indem er sich ständig überfordert fühlte. Er hatte Schwierigkeiten, sich klar und ordentlich auszudrücken, und es heißt, dass eben dies für seinen gebildeten und sprachgewandten Onkel ein Grund gewesen sei, ihn so gut wie nie zu seiner Tafelrunde zuzulassen. Die Folge war, dass er sich mit Leuten umgab, die ihn trotz seiner unzusammenhängenden Redeweise verstanden. Dies wiederum brachte ihm den Vorwurf ein, er habe einen »sehr untergeordneten Umgang«. Und dass er leutselig und höflich war und alle Menschen grüßte, verübelten seine Standesgenossen ihm ebenfalls. Schlimmer aber war, dass er sich kaum für Politik, noch weniger für Kunst und Literatur interessierte, desto mehr aber für Frauen. Und die kosteten ihn sehr viel Geld.

Ein ausländischer Diplomat behauptete, der Zwanzigjährige habe 600 000 Taler Schulden – zum Vergleich:

der Finanzminister seines Onkels hatte ein Jahresgehalt von 15000 Talern –, und das meiste Geld habe er mit Mädchen durchgebracht; er habe unter anderem eine, die ihn jährlich 30000 Taler koste. Etwa eben soviel koste es ihn allerdings, die Spione seines Onkels zu bestechen.

Nicht ganz 21 Jahre alt, heiratete er. Vier Jahre später wurde die Ehe wegen eines »Fehltritts« der Frau geschieden, und er heiratete kurz darauf ein zweites Mal. Seine Liebe aber galt einer anderen, die er als Zweiundzwanzigjähriger kennen gelernt hatte, als sie 14 Jahre alt war. Er mochte sie vom ersten Augenblick an, und er ließ sie auf seine Kosten erziehen: Sie lernte die französische Sprache, ein wenig Geschichte, musste die Werke der alten und der modernen Literatur lesen und wurde eine Zeit lang in Paris ausgebildet.

Schon der Fünfzehnjährigen schwor er, sie nie zu verlassen. Sie selbst hat dies später so erzählt: »Mit einem Federmesser machte er sich einen Ritz in den Ballen der linken Hand, drückte das Blut aus und schrieb mir diese Versicherung auf einen kleinen Zettel von ungefähr drei Zeilen nieder. Diese Handlung erschütterte mich so sehr, dass ich mich hierüber nicht zu fassen wusste. Er verlangte von mir ein Gleiches. Die Worte, die ich mit meinem Blute niederschrieb, waren die Erwiderung seiner eigenen, nämlich dass ich ebenfalls bis zu seinem Tode seine unveränderliche Freundin bleiben und ihn nie verlassen wolle.«

Beide haben ihr Wort gehalten. Zwar hatte er neben ihr und seiner angetrauten Ehefrau immer noch andere Frauen, aber sie hatte den stärksten Einfluss auf ihn und erhielt die meisten Geschenke. Und sie gab sehr viel von seinem Geld aus. Ein Jahr vor seinem Tode – er wurde nur 53 Jahre alt – hat er ihr (die ihn um 23 Jahre überlebte) den Titel einer Gräfin verliehen.

Als sein Onkel noch lebte, hatte dieser einmal einem Minister gesagt: »Ich sage, wie es nach meinem Tode gehen wird. Es wird ein lustiges Leben bei Hofe werden. Mein Neffe wird den Schatz verschwenden, die Armee ausarten lassen. Die Weiber werden regieren, und der Staat wird zu Grunde gehen …«

Wer war's?

26 Den Sohn ließ er zu Tode foltern

Er war von unglaublicher Vitalität und steckte voll neuer Ideen. Alles wollte er verändern, verbessern, reformieren. Was nach Vergangenheit aussah, nach alter Tradition, störte ihn so sehr, dass er sofort seine Abschaffung befahl, auch die langen Bärte, die in seiner Umgebung seit eh und je getragen wurden. Er befahl, sie abzuschneiden.

Sein Sohn war nicht so fortschrittlich wie er und vor allem nicht so vital. Vom Vater hatte er weder dessen Vorliebe für alkoholische Getränke noch fürs Militärische geerbt. Deswegen schrieb der Vater ihm einmal: »Wenn du dich mit gesundheitlicher Schwäche entschuldigen willst, dass du militärische Anstrengungen nicht ertragen kannst, so liegt darin keine Räson, denn ich will von dir keine körperlichen Anstrengungen, sondern nur Lust zur Sache.« Lust zur Sache hieß, dass der Sohn alles so machen sollte, wie der Vater es für richtig hielt. Da aber lag die Kluft. Und der Vater fürchtete: »Es ist allen bekannt, dass du meine Werke verabscheust … und dass du nach mir ihr Zerstörer sein wirst.«

Der Vater unterdrückte den Sohn so sehr, dass dieser – inzwischen war er 28 Jahre alt – schließlich ins Ausland floh und dort um Asyl bat. Aber er ließ sich überreden, wieder heimzukehren. Dort stellte der Vater ihn vor Gericht. Unter Anwendung der Folter ließ er ihn verhören, bis der Sohn gestand, den Tod des Vaters gewünscht zu haben. Wenig später fällte das Gericht über ihn ein Todesurteil. Es brauchte nicht vollstreckt zu werden, da der Verurteilte an den Folgen der Folterungen starb, noch bevor der Vater es bestätigt hatte.

Wer war's?

27 Unerbittlich im Kampf für die Weltordnung

Er wird als breitschultrig beschrieben – bei durchschnittlicher Körpergröße –, als muskulös, voll Kraft und Gesundheit; sein längliches Gesicht, sagt ein Zeitgenosse, der ihn gesehen hat, »spiegelte die Festigkeit seiner Seele wider, stets gleichmäßig und unbewegt, weder von Schmerz verdüstert noch vom Zorn verzerrt oder in Freude ausbrechend«.

Als noch junger Mann im Alter von 26 oder 27 Jahren wurde ihm eins der höchsten und verantwortungsvollsten Ämter übertragen. Damals war er schon seit mehreren Jahren verheiratet. Über seine Kindheit und Erziehung weiß man so gut wie nichts. Aber aufgrund seiner Herkunft lässt sich vermuten, dass er eine recht gute Ausbildung erhalten hat. Allerdings weiß man, dass es im Lateinischen bei ihm haperte, obwohl er ein Leben lang sehr viel mit lateinisch geschriebenen Schriftstücken zu tun hatte.

Statt Vokabeln und Grammatik zu büffeln, bewegte er sich lieber im Freien. Er war lebhaft, voller Schwung und Tatendrang. Er schwamm gern, ritt viel und ging oft auf die Jagd. Dies noch im hohen Alter. Auch im Gespräch war er sehr lebendig; er konnte gut reden und überreden. Er konnte überaus liebenswürdig sein, und – auch darin treffen alle Zeugenaussagen überein – sein Benehmen war formvollendet, ritterlich, vorbildlich für die Gesellschaft seiner Zeit.

Er konnte aber auch sehr hart sein, ja brutal. Um

durchzusetzen, was er für Recht und Gerechtigkeit erkannte, hat er jene, die anderer Auffassung waren und sich ihm entgegenstellten, als Rebellen rücksichtslos bekämpft. Zwar heißt es, er habe einmal einem der von ihm Vertriebenen eigenhändig geholfen, seine Habe aufzupacken, aber selbst wenn das wahr sein sollte, würde es in keinem Verhältnis stehen zu dem Leid, das er über viele tausend Menschen brachte, indem er ihre Städte zerstören ließ. Selbst einer seiner Vertrauten gab zu, »auch seine Feinde zu lieben«, habe er »nicht völlig gelernt«.

Mildernd ist dabei anzuführen, dass auch und gerade in solchen Härtefällen für ihn immer die Idee der Gerechtigkeit ausschlaggebend war. Sie war der Leitstern seines Handelns. Sich selbst beziehungsweise sein Amt verstand er in erster Linie als Schützer des Friedens und Wahrer des Rechts. Als Richter kannte er kein Ansehen der Person und keine verwandtschaftliche Rücksicht. Eine Begnadigung erschien ihm noch als »Verdunkelung der Gerechtigkeit«. Kein Wunder, dass seine Feinde ihn hassten.

Nicht immer war er erfolgreich. Aber auch aus Niederlagen tauchte er scheinbar unversehrt immer wieder auf. Mit zunehmendem Alter wurde er diplomatischer, listiger, manchmal gar nachgiebig. Und gerade auf diese Weise kam er zu seinen größten Erfolgen. Sie alle dienten der Wiederherstellung und Festigung einer Ordnung, die nicht nur er, sondern sein ganzes Zeitalter ersehnt hatte.

Mehr als 38 Jahre stand er an der Spitze dieser von ihm gefestigten Ordnung. Bei dem Versuch, sie räumlich noch weiter auszudehnen, ist der Mittsechziger ums Leben gekommen. Fern seiner Heimat ertrank er, als er einen Fluss durchqueren wollte – ob schwimmend oder zu Pferde, blieb ungeklärt. Dort, wo er den Tod fand, ist vor einigen Jahren, ein Gedenkstein errichtet worden.

Unendlich bekannter als dieses Denkmal, bekannter noch als sein ganzes Leben, sein Kämpfen, seine Erfolge und Misserfolge aber ist seltsamerweise sein Bart – obgleich man von ihm nicht mit Sicherheit weiß, wie er aussah. Über diesen Bart, seine Form, seine Farbe, gibt es wissenschaftliche Untersuchungen – über den Mann natürlich auch.

Wer war's?

28 Verleumdet als Ausbeuter und Massenmörder

Er war in den Fünfzigern, nach Jahren harter Kämpfe und noch Tag für Tag ein riesiges Arbeitspensum bewältigend, als er sich einen Lehrer nahm, der ihn in die wichtigsten Wissenschaftsbereiche einführen sollte, vor allem in die griechische Philosophie und in die Vorstellungen griechischer Denker auf den Gebieten der Naturwissenschaften. Zugleich ließ er sich weiter in der griechischen Sprache ausbilden, die er von Haus aus nicht sprach.

Er war nun einmal ein Verehrer alles Griechischen; immer von Neuem ließ er sich von der griechischen Lebensweise faszinieren, dieser – gemessen an der strengen, religiös verankerten Lebensart seines Volkes – jugendlich-schwungvollen Art, die sich im Sportlich-Eleganten zeigte, im Ästhetischen , in einem ausgeprägten Mut zu Frohsinn und Genuss. Schon zu Lebzeiten, aber mehr noch später, als er längst tot war, ist ihm seine Griechenliebe verübelt worden, obwohl er nie gewagt hat, selber so frei zu leben wie die Griechen seiner Zeit. Er hat allerdings viele seiner Bauten in ihrem Stil ausführen lassen, er hat Theater und Sportstadien nach griechischen Vorbildern eingerichtet, und er hat zahlreichen Griechenstädten großzügige Geschenke gemacht.

Er hat sogar, als einmal die Olympischen Spiele in Gefahr gerieten auszufallen, weil die Veranstalter kein Geld mehr hatten, die erforderlichen finanziellen Mittel gespendet, und zwar nicht nur für jenes Jahr (in dem er persönlich nach Olympia fuhr und dort das Amt des obersten Kampfrichters übernahm), sondern auch für zukünftige Veranstaltungen. So wurde er zum Retter der Olympischen Spiele (bei denen es seinerzeit nicht nur um Sport ging, sondern auch um das Vortragen und Auszeichnen literarischer und musikalischer Werke).

Später ist dies ebenso in Vergessenheit geraten wie sein unermüdlicher Einsatz für eine Welt des Friedens. Es gelang ihm, seinem Volk, dessen Thron der Mittdreißiger nach zähen Kämpfen eingenommen hatte, durch eine umsichtige Politik für mehr als drei Jahrzehnte Frieden zu schaffen – Frieden nach außen und Ruhe und Ordnung im Innern des Landes. Zugleich brachte er dem Volk durch eine kluge Wirtschafts- und Finanzpolitik einen bis dahin nie erreichten wirtschaftlichen Wohlstand, vorbildlich war seine Steuer- und Währungspolitik; mehrmals hat er die Steuern gesenkt. Und im Unterschied zu seinen Vorgängern und Nachfolgern achtete er streng darauf, dass der Edelmetallgehalt der in seinem Namen geprägten Münzen stets konstant blieb, um eine Entwertung des Geldes zu verhindern.

Nicht weniger vorbildlich waren seine landwirtschaftlichen Musterkulturen, die er anlegen ließ, seine großzügigen Bewässerungsanlagen, mit denen er Wüstengebiete fruchtbar machte, sein ausgedehntes Straßennetz, seine der Verteidigung dienenden Festungsanlagen.

Unter seinen Söhnen – als zehnfach Verheirateter hatte er viele Söhne, von denen er drei, wie auch eine seiner Frauen, hinrichten ließ, nachdem neutrale (das heißt, von ihm unabhängige) Gerichte sie des Verrats schuldig gesprochen hatten – ist sein Reich rasch zerfallen. Geblieben aber sind jene Verleumdungen, die nach seinem Tode gegen ihn erhoben wurden: Sie stempelten ihn zum brutalen Ausbeuter, zu einem der grausamsten Tyrannen, ja zu einem Massenmörder. Zwar hat in den letzten Jahrzehnten die historische Forschung das wahre Bild des zu Unrecht Verdammten unter jenem Wust von Verleumdungen herausgearbeitet, aber nur eine Minderheit wagt es, diesen Mann so zu sehen, wie er wirklich war: als einen der bedeutendsten Politiker seines Volkes.

Wer war's?

29 Vielleicht von Anfang an ohne Hoffnung

Er war ein friedliebender Mann, kein Kämpfer, sondern einer, der seine Ruhe haben wollte. Später hat man gesagt, dass dies mit seiner Schilddrüse zusammenhing, die zu wenig Hormone produzierte. Er war träge, aß und trank gern, wurde schon frühzeitig dick und hatte einen stumpfen, schwerlidrigen Blick. Einer seiner Biografen schrieb: »Er hat Blei im Blut. Etwas Stockiges, Schweres versulzt seine Adern, nichts wird ihm leicht. Immer muss dieser redlich bemühte Mann einen Widerstand der Materie, eine Art Schlaftrunkenheit in sich überwinden, um etwas zu tun, zu denken oder bloß zu fühlen … Diese angeborene Nervenstumpfheit schaltet ihn von jeder starken Gefühlsleistung aus: Liebe (im geistigen wie im physiologischen Sinn), Freude, Lust, Angst, Schmerz, Furcht: Alle diese Elemente des Gefühls dringen bei ihm nicht durch die Elefantenhaut seiner Gleichmütigkeit, und nicht einmal unmittelbare Lebensgefahr kann ihn aus seiner Lethargie aufrütteln.«

Kein Wunder, dass auch sein Beruf ihm keine Freude machte. Er verstand auch viel zu wenig von dem, was er tun sollte; solange alles in eingefahrenen Bahnen lief, fiel das nicht allzu sehr auf, aber als sich die Situation grundsätzlich zu verändern drohte und er hätte handeln und sich entscheiden müssen, da hat er gänzlich versagt.

Zwar kann man in der Geschichte wohl nie mit Sicherheit sagen, was gewesen wäre, wenn … Aber sein

Leben hätte doch anders verlaufen können, hätte zumindest nicht so bald zu Ende sein müssen, wenn er sich nur ein wenig aus seiner Schlaftrunkenheit hätte aufschrecken lassen. Zunächst scheint er gar nicht begriffen zu haben, was um ihn herum vorging. Während sich die ganze Welt schlagartig veränderte, notierte er in seinem Tagebuch lediglich Nichtigkeiten. Unter dem Datum jenes Tages, an dem sein Fluchtversuch gescheitert war, steht da nur: »Heute Setzmilch gegessen.« Ja, wenn er nur nicht so viel ans Essen gedacht hätte!

Seinem Bruder war die Flucht gelungen, nicht zuletzt deswegen, weil er in einem kleinen, schnellen Wagen geflohen war. Auch ihm hatten Freunde einen kleinen, unauffälligen Fluchtwagen empfohlen. Aber während er sonst so gut wie nie Entscheidungen traf, hatte er hier auf einem großen Wagen bestanden, einem Sechssitzer – für sich, seine Frau, seine zwei Kinder, seine Schwester und die Erzieherin seiner Kinder. Außerdem – und das war das Ausschlaggebende gewesen – hatte der große Wagen noch viel Platz, um für den stets Hungrigen und Durstigen große Portionen Proviant und einen beträchtlichen Weinvorrat mitzunehmen, ferner Tischwäsche, Tafelsilber und Geschirr, natürlich auch allerlei Kleidung und sogar Zimmerklosetts. Durch diesen Ballast wurde die Reisegeschwindigkeit arg gemindert, und überdies war der große, schwere Wagen, der von mindestens acht Pferden gezogen werden musste, höchst auffällig.

Dennoch kamen sie gut voran. Jedenfalls zunächst. Später ist erzählt worden (und es wird noch heute so erzählt), er habe schon bald großen Hunger bekommen und deswegen anhalten lassen, um ausgiebig zu dinieren. Die Erzieherin, die ja dabei war, schilderte es anders: »Zu allem Unglück stürzten die Pferde … zweimal, alle Zügel rissen, und wir verloren mehr als eine Stunde, um den Schaden zu reparieren …«

Möglich, dass er von Anfang an ohne Hoffnung war. Nachdem die Flucht missglückt war, ließ er alles mit sich machen, ohne zu protestieren, bis zu seinem gewaltsamen Ende. Es war, schrieb der schon einmal zitierte Biograf, »eine teuflische Böswilligkeit des Schicksals«, ausgerechnet von diesem initiativelosen Mann die »historisch wichtigsten Entscheidungen des ganzen Jahrhunderts zu verlangen«.

Wer war's?

Kapitel 2

Dichter, Maler und andere Künstler

30 Wer spricht von Siegen? Übersteh'n ist alles

Über die Ehe schrieb der Fünfundzwanzigjährige, dass sie »als solche nicht so viel Betonung verdient, als ihr durch die konventionelle Entwicklung ihres Wesens zugewachsen ist«. Und weiter meinte er: »Es fällt niemandem ein, von einem Einzelnen zu verlangen, dass er ›glücklich‹ sei, – heiratet aber einer, so ist man sehr erstaunt, wenn er es nicht ist!«

Da er dies etwa vier Wochen nach seiner eigenen Hochzeit schrieb, lässt sich folgern, dass die Ehe ihn nicht sonderlich glücklich machte. Zusammen mit seiner Frau war er aufs Dorf gezogen und hatte sich in einem Bauernhaus eine Wohnung eingerichtet. Offensichtlich hatte er gemeint, durch die Ehe würde sich in seinem Leben ansonsten nicht viel ändern. Doch bald machte es ihm große Schwierigkeiten, für seine Frau, für sich und für die kleine Tochter, die nicht lange hatte auf sich warten lassen, eine Existenzgrundlage zu schaffen. Zwar belieferte er mit großem Eifer eine Reihe von Zeitungen mit Buchbesprechungen, Theaterkritiken, Essays, aber seine Versuche schlugen nicht ein. Vielleicht war es der Zwang, der dahinter stand und der ihn sich jetzt verkrampfen ließ, nachdem er mit früheren Veröffentlichungen durchaus erfolgreich gewesen war. Indessen war er zuvor nie gezwungen gewesen, Geld zu verdienen.

Nach etwas mehr als einem Jahr gaben er und seine Frau den Versuch einer Ehe auf – sicher nicht allein wegen der materiellen Schwierigkeiten. »Ein Miteinander zweier Menschen«, schrieb er, »ist eine Unmöglichkeit und, wo es doch vorhanden scheint, eine Beschränkung, eine gegenseitige Übereinkunft, welche einen Teil oder beide Teile ihrer vollsten Freiheit und Entwicklung beraubt.«

Nach der Trennung von Frau und Tochter nahm er sein unstetes Leben wieder auf. Selten musste er das Geld für Wohnen und Unterhalt selbst aufbringen; fast immer wurde er eingeladen. Und je berühmter er wurde, desto luxuriöser waren die Domizile, die man ihm zur Verfügung stellte, damit er in Ruhe dichten könne. Nie scheint er sich von seinen Mäzenen, seinen Freunden und Freundinnen, die ihn auf ihren Landsitzen und Schlössern wohnen ließen, abhängig gefühlt zu haben.

Dennoch hat auch er sich manchmal anderes erträumt. So ließ er einmal eine seiner Gestalten (die zwar nicht ihn selbst darstellte, ihm aber doch – wie er eingestand – ähnlich war) sagen: »O was für ein glückliches Schicksal, in der stillen Stube eines ererbten Hauses zu sitzen unter lauter ruhigen, sesshaften Dingen und draußen im leichten, lichtgrünen Garten die ersten Meisen zu hören, die sich versuchen, in der Ferne die Dorfuhr. Zu sitzen und auf einen warmen Streifen Nachmittagssonne zu sehen und vieles von vergangenen Mädchen zu wissen … Und einen Lehnstuhl hätte ich gehabt und Blumen und Hunde und einen starken Stock für die steinigen Wege … Aber es ist anders gekommen, Gott wird wissen, warum. Meine alten Möbel faulen in einer Scheune, in die ich sie habe stellen dürfen, und ich selbst, ja, mein Gott, ich habe kein Dach über mir, und es regnet mir in die Augen.«

Einmal hat er daran gedacht, seinem Leben eine Wende zu geben, etwa an eine Universität zu gehen und sich in wissenschaftliche Studien zu versenken. Aber er gab diese Absicht bald wieder auf und zog weiterhin von Stadt zu Stadt, von Land zu Land, lebte jahrelang in Frankreich, dann wieder in Deutschland, unternahm ausgedehnte Reisen durch Russland, Schweden, Italien, Spanien, kehrte zurück nach Deutschland, wo er weiterhin häufig den Wohnsitz wechselte und lebte zuletzt in der Schweiz.

In den letzten Jahren seines Lebens war er krank und musste wiederholt zu Kuren, die ihm aber nicht halfen. Er hatte Leukämie. In einem Brief schrieb er: »Ich bin auf eine elende und unendlich schmerzhafte Weise erkrankt, eine wenig bekannte Zellenveränderung im Blut wird zum Ausgangspunkt für die grausamsten, im ganzen Körper versprengten Vorgänge. Und ich, der ich ihm nie recht ins Gesicht sehen mochte, lerne, mich mit dem inkommensurabeln anonymen Schmerz einrichten. Lerne es schwer, unter hundert Auflehnungen, und so trüb erstaunt …«

Der Tod kam auf eine sanfte Weise nach einem zwölfstündigen Schlummer, dreieinhalb Stunden nach Mitternacht. Er war wenige Tage zuvor 51 Jahre alt geworden. Seinem letzten Wunsch entsprechend, wurde er an der Mauer der alten Kirche im Schweizer Raron begraben. 46 Jahre später wurde er aus seiner Ruhe noch einmal aufgeschreckt: Bei Kabelarbeiten verletzte man sein Grab, und seine Gebeine mussten umgebettet werden. Etwa zur gleichen Zeit begann eine neue Generation sich für sein inzwischen fast vergessenes Werk zu interessieren.

Eines seiner Gedichte schloss mit dem Vers, der seiner eigenen Generation so etwas wie ein Leitspruch geworden war: »Wer spricht von Siegen? Übersteh'n ist alles.«

Wer war's?

31 Ein leidenschaftlicher Billardspieler

Vieles in seinem Leben blieb bis heute rätselhaft, manches wurde einfach unterschlagen, weil seine Verehrer es nicht wahrhaben wollten. Dies gilt zum Beispiel von einigen seiner Briefe, die er als junger Mann an ein junges Mädchen schrieb und die – so einer seiner Biografen – »so unanständig sind, dass die betreffenden Bände in den öffentlichen Bibliotheken nicht ohne weiteres ausgeliehen werden«.

Auch anderes aus seinem Leben wurde weggelassen oder bagatellisiert. Dazu gehört sein Verhältnis zum Geld. Immer wieder ist behauptet und auch geglaubt worden, seine Arbeiten seien ihm so schlecht bezahlt worden, dass er deswegen immer mehr Schulden habe machen müssen und schließlich ins Elend geriet. Tatsächlich hinterließ er bei seinem Tode einen beachtlichen Berg an Schulden – nach heutigem Wert etwa 40 000 Euro.

Dabei hat er bis kurz vor seinem Tode noch gearbeitet, obgleich er da schon krank gewesen zu sein scheint. Gearbeitet hat er von früh an sehr viel, wenngleich seiner unerschöpflichen Arbeitskraft ein ausgeprägter Hang zur Trägheit entgegenstand. Zum konzentrierten Arbeiten brauchte er den Anstoß von außen, brauchte er immer auch Zeitdruck. Ohne dieses Korsett, in das man ihn von Kindheit an hineinzwang, hätte er viel mehr in den Tag hinein gelebt. Er »war und blieb immer ein Kind«, schrieb seine Schwester nach seinem Tod;

»das ist der Hauptzug seines Charakters auf der schattigen Seite; immer hätte er eines Aufpassers bedurft.« Und sie fügte hinzu: »Er konnte das Geld nicht regieren.«

Erst neuere Forschungen haben ergeben, dass er keineswegs schlecht verdient hat. Im Gegenteil: Seine Einkünfte waren – zumindest zeitweise – recht beachtlich. Der Sechsundzwanzig- bis Neunundzwanzigjährige verdiente in einem Jahr dreimal soviel wie der Oberdirektor eines Krankenhauses zu jener Zeit in jener Stadt, in der er lebte; das war eine Summe, die nach heutigem Kaufwert etwa 130 000 Euro entspricht. Dennoch bat er zu jener Zeit seinen Vater um Geld. Und das ist selbst dann erstaunlich, wenn man berücksichtigt, dass er damals ziemlich aufwendig lebte: Er hatte eine der schönsten und teuersten Wohnungen der Stadt gemietet, hielt sich einen eigenen Friseur, eine Köchin, ein Dienstmädchen, hatte ein Reitpferd, trug teure Kleidung und gab viel Geld für Essen und Trinken aus.

Aber allein dafür können seine hohen Einkünfte nicht draufgegangen sein. Auch in den folgenden Jahren verdiente er überdurchschnittlich gut, war aber immer wieder in Geldnot, und zwar so sehr, dass er seine teure Wohnung aufgeben musste und dass er »Bettelbriefe« schrieb, in denen er tat, als ginge ihm das Wasser bis an den Hals.

Dies muss aber tatsächlich der Fall gewesen sein; oft ist in jenen Briefen von Beträgen die Rede, die von einem zum anderen Tag fällig waren: »Leihen Sie mir wenigstens bis morgen ein paar hundert …«

Oder: »Wenn Sie, wertester Freund, mir in dieser Lage nicht helfen, so verliere ich Ehre und Kredit …«

Und: »… weil es eine Sache betrifft, die sich nicht verschieben lässt, sondern sofort geschehen muss.«

Spät kam man darauf, dass es sich um Spielschulden gehandelt haben kann und dass er ein Spieler war und hohe Summen verloren haben könnte. Er war, so sagte ein Zeitgenosse von ihm, »ein leidenschaftlicher aber schlechter Billardspieler«, und Billard spielte man damals um Geld, mit hohem Einsatz.

Bewiesen ist dies allerdings nicht, doch immerhin wahrscheinlich gemacht. Er selber sprach immer nur von seinen »Affären« und äußerte Besorgnis, dass es ihm schaden könnte, wenn die Öffentlichkeit davon erfahre.

Wer war's?

32 … und geriet in Verdacht, ein Spion zu sein

»Du sollst immer mit mir sein«, schrieb er einer mit ihm befreundeten Frau. Aber da hatte er sie schon verlassen, hatte sich heimlich davongestohlen. Auch anderen hatte er nichts gesagt, nicht einmal seinem obersten Vorgesetzten. Lediglich um Urlaub auf unbestimmte Zeit bat er ihn. Seinen 37. Geburtstag feierten sie noch zusammen, dann, in der Nacht darauf, brach er auf, mit wenig Gepäck und ohne genaues Ziel. Hinter sich ließ er ein Amt und eine Gesellschaft, die ihn einengten, Menschen, mit denen er lange befreundet gewesen war, mit denen es aber allmählich zu Spannungen gekommen war. Jetzt hatte er sich von all dem einfach frei gemacht.

Aber nach nur wenigen Tagen wäre es fast zu Ende gewesen mit der neuen Freiheit. Das war am Gardasee in Malcesine, wo er – so heißt es in seinem Tagebuch – »ein gefährliches Abenteuer« bestehen musste. Er war in die Schlossruine gegangen und hatte damit begonnen, den alten Turm zu zeichnen. Das erregte Aufsehen; immer mehr Leute sammelten sich um ihn und sahen zu. »Ich ließ mich aber nicht stören und fuhr ganz gelassen fort«, schrieb er später. Einer der Umstehenden – »nicht von dem besten Aussehen« – sagte ihm schließlich, den Turm zu zeichnen sei nicht erlaubt. Als er tat, als habe er den Mann nicht verstanden, nahm dieser das Blatt und zerriss es.

Und dann wurde der Bürgermeister gerufen. Auf dessen Frage, warum er »ihre Festung abzeichnete«, habe er »bescheiden erwidert«, dass er »dieses Gemäuer nicht für eine Festung anerkenne«, da es »nichts als eine Ruine« sei. Man entgegnete ihm, »was denn daran wohl merkwürdig scheinen könne«. Und nun hielt er den Leuten – um »Zeit und Gunst zu gewinnen« – einen ausführlichen Vortrag über Ruinen und die Anziehungskraft, die sie auf Touristen ausüben.

Daraufhin erwiderte der »Aktuarius«, der mit dem Bürgermeister gekommen war, »das lasse sich alles hören, aber Kaiser Joseph sei ein unruhiger Herr, der gewiss gegen die Republik Venedig noch manches Böse im Schilde führe, und ich möchte wohl sein Untertan, ein Abgeordneter sein, um die Grenzen auszuspähen«.

Gegen den Vorwurf, ein Spion des Kaisers zu sein, verteidigte er sich so: »Weit entfernt …, dem Kaiser anzugehören, darf ich mich wohl rühmen, so gut als ihr, Bürger einer Republik zu sein, welche zwar an Macht und Größe dem erlauchten Staat von Venedig nicht verglichen werden kann, aber doch auch sich selbst regiert und an Handelstätigkeit, Reichtum und Weisheit ihrer Vorgesetzten keiner Stadt in Deutschland nachsteht. Ich bin nämlich von …«

Als er den Namen seiner Geburtsstadt nannte, mit der er ansonsten schon lange nichts mehr zu tun hatte, wurde jemand geholt, der jene Stadt kannte und ihn nun über sie examinierte, und schließlich zu diesem Ergebnis kam: »Ich bin überzeugt, dass dieser ein braver, kunstreicher Mann, wohl erzogen, welcher herumreist, sich zu unterrichten. Wir wollen ihn freundlich entlassen, damit er bei seinen Landsleuten Gutes von uns rede und sie aufmuntere, Malcesine zu besuchen, dessen schöne Lage wohl wert ist, von Fremden bewundert zu sein.«

So geschah es, und damit war das gefährliche Abenteuer überstanden.

Was er übrigens nicht wusste und auch nie erfahren hat, war dies: Nicht nur die Leute in Malcesine waren ihm gegenüber misstrauisch, auch der Kaiser war es, und er ließ ihn deswegen beobachten; auch der Kaiser wollte nicht so recht glauben, dass er – ein hoher Staatsbeamter – sich wirklich nur für Ruinen interessierte.

Wer war's?

33 Mit Schüchternheit ein Vermögen gemacht

Als junger Mann träumte er davon, reich zu werden, schwerreich. Darin zeigte sich bereits ein gewisser Fortschritt, ein Anfangserfolg; denn als Kind hatte er viele Jahre lang immer nur davon geträumt, sich einmal richtig satt essen zu können. Satt essen konnte er sich nun, im Alter von 21 Jahren; ja, inzwischen hatte er sogar etwas Geld gespart.

Gemeinsam mit einem Kollegen, der ebenfalls ein paar Rücklagen hatte und sich – wie er – zu jener Zeit in seinem Beruf frustriert fühlte, überlegte er, wie man mit dem Ersparten möglichst gewinnbringend arbeiten könne. Da kamen sie auf die Idee, alles, was sie hatten, zusammenzuwerfen und gemeinsam Schweine zu züchten. Später erinnerte er sich: »Wir hatten beide den Wunsch, reich zu werden. Wir planten, zweitausend Hektar Land zu kaufen; für den Rest des Geldes wollten wir Schweine anschaffen und das Land kultivieren. Wir rechneten aus, dass wir bei einer jährlichen Zuwachsrate von durchschnittlich fünf Ferkeln pro Muttersau, wenn alles gut ginge, innerhalb von fünf Jahren pro Nase eine halbe Million verdienen könnten ... Wir konnten uns vor Aufregung kaum fassen. Beim Essen, im Schlafen und im Wachen sahen wir nichts als Schweine ...«

Aber war das wirklich der richtige Weg? Schweinezüchter? Eigentlich hatte er doch Konzertmusiker werden wollen. Als er in einer Broschüre über Schweinezucht »in aller bildhaften Ausführlichkeit die Technik des Kastrierens der Schweine beschrieben fand«, gab er den Plan, mit Schweinen reich zu werden, schlagartig auf. Und er blieb in jenem Beruf, in dem er nun seine ersten Erfolge hatte. Eine Kartenlegerin bestärkte ihn darin, das weiterzumachen, was er angefangen hatte: »Da sehe ich großen Erfolg für Sie voraus«, sagte sie ihm; »es liegt eine ganz außerordentliche Laufbahn vor Ihnen.« Und weiter las sie ihm aus der Hand: »Sie werden ein enormes Vermögen erwerben. Sie haben eine Hand, die Geld macht.«

Die Prophezeiung traf tatsächlich ein. Schon für den Fünfundzwanzigjährigen galt: »Geld und Erfolg kamen mit zunehmender Geschwindigkeit auf mich herabgestürzt. Das war alles verwirrend, erschreckend, aber wunderbar!« Und nur zwei Jahre danach wusste er schon, dass er in Kürze Millionär sein würde.

Als jener Goldregen so plötzlich über ihn hereinbrach, entschloss er sich einmal, in einem der berühmtesten Hotels der Welt ein teures Zimmer zu nehmen. Später erinnerte er sich: »Die Pracht der Hotelhalle und das Selbstvertrauen der Menschen, die sich dort ergingen, ließen mich etwas erzittern, als ich mein Zimmer bestellte … Ich fragte schüchtern, ob ich im Voraus bezahlen solle. Der Empfangschef war sehr höflich und versicherte: ›O nein, das ist nicht erforderlich.‹ Das Durchqueren der Halle mit all der Vergoldung und dem Plüsch rührte meine Empfindungen auf, und als ich mein Zimmer erreichte, war mir zum Weinen zumute. Ich blieb mehr als eine Stunde darin, untersuchte das Badezimmer mit den aufwendigen Wasserkünsten und prüfte das reichlich strömende heiße und kalte Wasser.

Wie großartig und beruhigend ist doch der Luxus! Ich badete, kämmte mir die Haare und legte meinen neuen Morgenrock an, in der Absicht, jedes Gramm Luxus zu genießen, das der Zimmerpreis mir verschaffen konnte. Hätte ich doch nur etwas zu lesen, eine Zeitung vielleicht. Ich hatte aber nicht den Mut, telefonisch darum zu bitten. Ich setzte mich mitten ins Zimmer auf einen Stuhl und betrachtete alles mit einem Gefühl üppiger Melancholie …«

Dann ging er in den Speisesaal: »Ich war zu aufgeregt, um Hunger zu verspüren. Immerhin tat ich so, als hätte ich Appetit, bestellte Konsommee, gebratenes Huhn und zum Nachtisch Vanilleeis. Der Kellner brachte mir die Weinkarte, und nach sorgfältiger Prüfung bestellte ich eine halbe Flasche Champagner. Diese Rolle zu spielen strengte mich so an, dass mir weder das Essen noch der Champagner schmeckte.«

Was ihn so melancholisch werden ließ, war der Gegensatz zu den Jahren der Kindheit in bitterster Armut (nachdem der Vater die Mutter und die beiden Söhne verlassen hatte). Zeitweise hatten er, der Bruder und die Mutter im Armenhaus leben müssen. Für mehrere Jahre musste er sogar ins Waisenhaus, weil die Mutter in eine Irrenanstalt gekommen war. Im Waisenhaus hatte er – so berichtete es später sein ältester Sohn – immer Hunger; »es gab Prügel, Entziehungen und Karzer für die kleinsten Vergehen. Das Personal des Waisenhauses schien sich verschworen zu haben, den Willen und den Geist der ihnen anvertrauten Kinder zu brechen.«

Ein Leben lang hat er versucht, seine traurige Kindheit zu überwinden, was ihm aber nur zum Teil gelang.

Nie überwand er einen Rest von Traurigkeit und eine gewisse Schüchternheit. Doch eben dies wurden die Grundlagen seines unvergleichlichen Erfolgs. Später war er – auch das hatte die Kartenlegerin ihm prophezeit – in vierter Ehe glücklich verheiratet. Und er sagte, er wisse nun, was Glück bedeutet: »Von Glück erfüllt sitze ich manchmal bei Sonnenuntergang draußen auf unserer Terrasse und blicke über den grünen Rasen zum fernen See hinunter und darüber hinaus auf die Zuversicht einflößenden Berge, und in dieser Stimmung denke ich an nichts und freue mich ihrer großartigen Gelassenheit.«

Er erreichte ein hohes Alter. Wenige Tage nach seinem Tod stahlen zwei Männer den schon beigesetzten Leichnam mit dem schweren Eichensarg; nur gegen ein hohes Lösegeld wollten sie den Toten wieder hergeben. Ihr Vorhaben missglückte, und während sie ins Gefängnis kamen, wurde er ein zweites Mal beigesetzt.

Wer war's?

34 Ein Leben lang ohne Anerkennung

»Mancher Mensch hat in seiner Seele ein großes Feuer«, schrieb er einmal, »und niemals kommt jemand, sich daran zu erwärmen, und die Vorübergehenden gewahren nur ein klein wenig Rauch oben über dem Schornstein, und sie gehen dann weiter ihres Weges.«

Immer wieder war er enttäuscht worden, wenn er versucht hatte, sich anderen freundschaftlich zu nähern, ihnen etwas zu bedeuten, ihnen vielleicht gar zu helfen. Er war Evangelist geworden, in einem Bergarbeiterrevier, unterrichtete dort Kinder, pflegte Kranke und verschenkte an die Armen das Wenige, das er besaß – Geld, Kleidungsstücke, sogar seine Möbel. Aber was er eigentlich suchte – Kontakt, Verständnis, Gegenliebe –, hat er bei den Bergleuten und ihren Familien nicht gefunden. – Er blieb ein Fremder unter ihnen. Nicht nur während seiner Aposteltätigkeit war das so, sondern während seines ganzen Lebens. Immer stieß er auf Unverständnis und Misstrauen.

Das lag nun nicht nur an der Umwelt. Entscheidend war vielmehr, dass er sich nicht anpassen konnte; letztlich bestand er immer darauf, dass andere sich nach ihm und seinen Anschauungen richteten. Als er – da war er 17 Jahre alt – als Verkäufer in einer Kunstgalerie angestellt war, weigerte er sich, den Kunden Bilder zu empfehlen, die ihm nicht gefielen. Und da er bald gar zu der Auffassung kam, der ganze Kunsthandel sei nichts anderes als eine groß angelegte Gaunerei, und seine Meinung auch niemandem verhehlte, wurde er von der Firma entlassen.

Er versuchte es als Hilfslehrer an einer Privatschule, musste diese Stelle aber nach nur zwei Monaten wieder aufgeben, arbeitete ein paar Monate lang als Hilfsprediger, dann als Handlungsgehilfe in einer Buchhandlung. Nachdem er auch da gescheitert war, entschloss er sich zum Studium der Theologie, um – wie sein Vater – Pfarrer zu werden. Nach 14 Monaten gab er auf, weil ihm die Sache zu akademisch schien. Und nun wurde er – nach Absolvierung eines entsprechenden Kursus – Evangelist. Aber sein apostolischer Eifer fand durchaus nicht die Billigung seiner kirchlichen Vorgesetzten, und so wurde ihm nach sechs Monaten die Genehmigung zu seiner Evangelistentätigkeit wieder entzogen.

«Diese Kirchenleute«, schrieb er seinem Bruder, »gehören einer alten akademischen Schule an, die sich oft in widerwärtigen Formen manifestiert ... Sie tragen eine stählerne Rüstung von Vorurteilen und Konventionen mit sich herum.«

Da er sich nach seinem Misserfolg als Evangelist weigerte, den Gottesdienst zu besuchen, kam es auch mit seinem Vater, der ihn bis dahin – er war jetzt 30 – finanziell unterstützt hatte, zum Bruch. Opposition gegen die Gesellschaft, ein noch immer vorhandener Bekehrungswille und vor allem seine Einsamkeit brachten ihn dahin, dass er eine Prostituierte zu sich nahm. »Die Welt erscheint fröhlicher, wenn man nicht allein ist, wenn man neben sich im Dämmerlicht ein anderes menschliches Wesen spürt«, schrieb er. Er wollte die Frau, die zwei Kinder hatte, heiraten, ihr zu einem anständigen Leben verhelfen. Aber auch damit ist er gescheitert.

Zu jener Zeit aber hatte er endlich seine Begabung und seinen Weg entdeckt. Doch blieben ihm für sein Werk, das er jetzt in beispielloser Schnelligkeit schuf, nur noch knapp sieben Jahre. Er scheint es geahnt zu haben – »Was die Lebenszeit angeht, die ich zum Arbeiten noch vor mir habe, so glaube ich ohne Übertreibung sagen zu können, dass mein Körper wahrscheinlich eine bestimmte Anzahl von Jahren auf jeden Fall aushalten wird, sagen wir sechs bis zehn Jahre ... Ich gehe also vorwärts wie ein Unwissender, der nur eines mit Sicherheit weiß: ich muss innerhalb einiger Jahre ein bestimmtes Werk vollbringen ...«

Er hat es vollbracht. Trotz größter Schwierigkeiten. Die wohl schwerste Last war für ihn, dass er keine Anerkennung, keine Bestätigung für die Richtigkeit seines Weges fand. Aber er sah jetzt nicht mehr rechts und links, sondern arbeitete wie ein Besessener. Auch dass er keinerlei finanziellen Gewinn hatte, sondern auf Unterstützung angewiesen war, irritierte ihn nicht mehr. Für sich persönlich brauchte er nur äußerst wenig. Er lebte von Schiffszwieback, Milch, ein paar Eiern und lief wie ein Bettler in zerlumpter Kleidung.

Aber dann machte er eines Tages die furchtbare Entdeckung, dass eine entsetzliche Krankheit in ihm war. »Ich weiß nicht, was es ist«, schrieb er, »aber etwas ist in meinem Gehirn nicht in Ordnung.« Auch die Leute merkten es. Sie beschimpften ihn als Narren, Kinder verfolgten ihn auf der Straße und warfen Steine nach ihm. Und schließlich erreichte man, dass er in eine Anstalt eingeliefert wurde.

Aber auch das konnte ihn von seinem Ziel nicht abbringen. »Wenn ich die Tollwutzelle ertragen soll, warum nicht«, schrieb er; »ich denke daran, einfach voll und ganz die Rolle eines Irren anzunehmen …« Was er hinterließ, als er im Alter von 37 Jahren seinem Leben selber ein Ende machte, hat heute einen unermesslichen Wert.

Wer war's?

35 Gott schütze dich vor einer Krankheit

»Mein Koffer ist gekauft, meine Ausstattung liegt bereit … meine Taschentücher sind gesäumt … Es bleibt mir nur noch Abschied zu nehmen – und das ist das Schlimmste.« Zwanzig war er, als er dies schrieb; er wollte eine längere Auslandsreise machen, aber ihm schien es ein Abschied für immer zu sein: »Ich habe das Gefühl, dass ich abreise, um zu sterben. Ach wie traurig muss es sein, fern der Heimat zu sterben!«

Einige Monate später aber fühlt er sich in »der schönsten aller Welten«, nicht etwa nur an ihrem Rand, sondern mitten drin. Und nicht ohne Stolz berichtet er nach Hause: »Es ist so weit! Ich gehöre nun zur höchsten Gesellschaft; mein Platz ist zwischen Botschaftern, Fürsten und Ministern – ich weiß selbst nicht, wie ich da hineingeraten bin!«

Nun, ein wenig Glück war schon im Spiel gewesen, entscheidend aber war sein Können, und auch seine Jugend und sein Aussehen trugen dazu bei, dass die Gesellschaft ihn vergötterte. Ein berühmter Zeitgenosse beschrieb ihn so: »Sein Äußeres hatte etwas so Harmonisches, Angenehmes, dass der Blick gern auf ihm verweilte. Sein dunkelbraunes Auge war eher heiter als träumerisch, sein Lächeln liebenswürdig und frei von aller Bitterkeit. Sehr schön war seine feine, fast durchsichtige Gesichtsfarbe, sein Haar, dunkelblond und weich wie Seide; seine Nase leicht gebogen, von römischem Schnitt; seine Bewegungen waren elegant, und in seinem Umgang hatte er die Manieren des Aristokraten von edelster Art.«

Nicht nur war er überall gern gesehen, man gab ihm auch die Möglichkeit, Geld zu verdienen. Bald konnte er sich einen eigenen Wagen halten; er hatte einen Kutscher und mehrere Diener, und er brauchte nicht zu sparen, wenn er sich Anzüge schneidern ließ, wenn er Parfüms, Süßigkeiten, Blumen kaufte. Einem Freund schrieb er: »Du glaubst wohl, dass ich ... ein Vermögen verdiene, aber ein eigener Wagen und weiße Handschuhe, die unbedingt zum guten Ton gehören, strapazieren meine Mittel doch einigermaßen.«

Aus der Heimat versorgte der Vater ihn mit gut gemeinten Ratschlägen: »Lege dein Geld in Wertpapieren an, die du, wann immer du willst, verkaufen kannst.« Der Vater fürchtet, dass irgendwann wieder schlechtere Zeiten kommen könnten: »Gott schütze dich vor einer Krankheit, die dich zwingen würde, deine Stunden aufzugeben. Du müsstest im fremden Land in bittere Not geraten. Ich gestehe, dass mir dieser Gedanke oft schwere Sorge bereitet, denn ich weiß, dass du von der Hand in den Mund lebst.«

Die Furcht des Vaters vor Krankheit kam nicht von ungefähr; die ältere Tochter war einige Jahre zuvor an Lungentuberkulose gestorben. Wirklich sollte auch bei ihm, dem Sohn, diese Krankheit zum Ausbruch kommen. Da war er 28 Jahre alt. Zu jener Zeit lebte er zusammen mit einer acht Jahre älteren Frau und deren zwei Kindern, die sich eines Tages in ihn verliebt hatte – zu ihrer eigenen Überraschung: »Ich bin so sehr daran gewöhnt, mit Männern zusammen zu sein, ohne mir bewusst zu werden, dass ich Frau bin, dass ich wahrlich etwas verwirrt und konsterniert über den Eindruck gewesen bin, den dies kleine Wesen auf mich gemacht hat.«

Er mochte sie anfangs nicht sonderlich gern, vor allem der Zigarrenqualm, der sie ständig umgab, störte ihn. Aber dann hielt er es doch eine ganze Reihe von Jahren mit ihr aus, bis es – zwei Jahre vor seinem Tod (im Alter von 39 Jahren) – zum Bruch kam.

Wer war's?

36 Mit der »Kunst der weiblichen Schönheit«

Der Name ihrer Geburtsstadt ist heute so bekannt wie kaum je zuvor, jedoch in anderer Bedeutung, und zwar als Bezeichnung für eine besondere Strophenform von Nonsensversen. Sie selbst hat den Namen so gut wie nie genannt; nicht nur jene Stadt, sondern das ganze Land hat sie verschwiegen; als Geburtsland gab sie ein südlicheres, sonnigeres an, das durch seine Tänze und Tänzerinnen berühmt wurde. Und alle Welt glaubte ihr, wobei es kein Hindernis war, dass sie die Sprache ihres Traumlandes nur höchst mangelhaft sprach. Mangelhaft blieb sie indessen auch in ihrem Metier, wenngleich sie darin weltberühmt wurde.

Ihr Ruhm ist aber in erster Linie auf ihre Wirkung auf Männer zurückzuführen, die sich schon recht früh zeigte. In ihren so genannten »Memoiren, von ihr selbst erzählt«, heißt es: »Als ich 15 war, begann ich, recht hübsch zu werden, die jungen Männer sahen mich an, und die alten überschütteten mich mit Komplimenten ...«

Schon zu ihren Lebzeiten gab es über sie eine lange Reihe Biografien, von denen drei als Autobiografien ausgegeben wurden, während in den übrigen zumindest behauptet wurde, sie seien unter ihrer Mitarbeit entstanden. Aber alle widersprechen einander in ganz entscheidenden Punkten. Übereinstimmend schildern jedoch alle, wie leicht die Männer sich von ihr betören ließen, Männer aus der ersten Gesellschaft, bis hinauf zu einem regierenden Staatsoberhaupt.

Diese Eroberung, die ihr außer einem schönen Haus die Verleihung eines Titels, ihrem Verehrer indessen den Verlust seiner Stellung einbrachte (ein anderer hatte für sie gar sein Leben gelassen, in einem Duell), machte sie im Alter von 28 Jahren. Der Mann – sehr eigenwillig, durchaus intelligent und gebildet und bekannt für eine ausgemachte Schwäche gegenüber schönen Frauen – war über 60, Vater von acht schon erwachsenen Kindern und mehrfacher Großvater und schließlich noch immer verheiratet. Übrigens feierte er die Hochzeit mit seiner Frau Jahr für Jahr aufs Neue, und wie damals wird sie noch heute in jener Stadt auf der nach seiner Frau benannten Wiese alljährlich 16 Tage lang gefeiert, als »größtes Volksfest der Erde«, mit ungeheuer viel Bier.

Nicht so sehr seiner Frau (die sich an seine Seitensprünge längst gewöhnt hatte) als vielmehr seiner verwitweten Schwester war dieses neue Verhältnis ein Dorn im Auge. Sie gab zwar zu, dass die Achtundzwanzigjährige »schön von Zügen wie von Wuchs« war, sie hielt es aber nicht nur für geschmacklos, sondern für politisch gefährlich, dass ihr Bruder jener Person ein Haus schenkte und es renovieren und teuer einrichten ließ und sich überdies immer häufiger auch in der Öffentlichkeit mit ihr zeigte. In ihrem Tagebuch finden sich Eintragungen wie diese: »Seine Verblendung ist zum Erbarmen. Man hat vor dieser Person große Angst, weil sie alles erreicht, was sie will …«

Ihr Bruder erwachte erst, als es zu spät war. Und erst unter Druck trennte er sich von »jener Person«, um die es in seiner Hauptstadt mehrmals zu heftigen Unruhen gekommen war. Für sie begann nun wieder eine harte

Zeit. Zwar fand sie weiterhin Männer, die ihr halfen – insgesamt war sie viermal verheiratet, und die Zahl ihrer einflussreichsten Liebhaber belief sich auf zehn –, aber bald ging es mit ihr bergab. In Amerika, in Australien, wieder in Amerika (in Saloons, zeitweise im Zirkus) hatte sie manchmal noch Glück, auch Erfolge (wie zum Beispiel mit ihrem Buch über die »Kunst der weiblichen Schönheit«, das ein Bestseller wurde). Doch als sie starb, erst 42 Jahre alt, in New York, war sie einsam und verarmt.

Wer war's?

37 Ein öffentliches Fest des Fleisches

Im Alter von 53 Jahren heiratete er zum zweiten Mal, nachdem seine erste Frau, die er sehr geliebt hatte und die ihm in siebzehnjähriger Ehe drei Kinder geboren hatte, gestorben war. Die zweite Frau, die der ersten sehr ähnlich sah, eine rosige, mollig-rundliche Person, war bei der Heirat 16 Jahre alt. Er war unsterblich in sie verliebt und – so einer seiner Biografen – »achtete nicht der bösen Zungen, die herzogen über die Gier des Menschenfressers nach frischem Fleisch und darüber lästerten, dass sein ältester Sohn gerade im Alter seiner Stiefmutter stand«.

Weiter heißt es in der Biografie: »Er war so glücklich über seine junge Frau und so stolz auf ihre Schönheit, dass er es aller Welt zeigte. Ohne eine Spur von Scheu verheimlichte er niemandem die opulenten Früchte ihres bezaubernden Körpers. Vor aller Augen und jederzeit öffnete seine Venus sperrangelweit die Pforten ihres Zimmers und ihres Ankleidekabinetts, an dessen Schwelle er stand und zuschaute … Welche Herausforderung an die Heuchler, die Verschämten, die Frömmler! Keiner aber wagte, angesichts seiner hoch angesehenen Stellung, etwas zu sagen, und sogar die Kirche schwieg.«

Es ging nicht eigentlich darum, dass er seine Frau, die ihm in den folgenden Jahren fünf Kinder schenkte, den zahlreichen Besuchern vorzeigte, die ihm bei der täglichen Arbeit zuschauen durften, sondern es ging darum – und vor allem dies hätte Anstoß erregen können –, dass er sie gewissermaßen immer wieder veröffentlichte, sei es nun – wie jener Biograf schreibt – »allein oder mit ihren Kindern, nackt, halb bekleidet oder geschmückt im prunkvollen Staat, im Brautkleid, in Hofkleidung, bedeckt mit Juwelen und im verschwenderischen Dekolleté einen Busen zeigend, der von Jahr zu Jahr majestätischer wurde, ohne indessen seine Festigkeit zu verlieren.«

Dass Einwände nicht laut wurden, hatte noch einen anderen Grund als seine auf geniales Können gegründete Autorität: Dieses öffentliche Fest des Fleisches, zu dem ihn seine junge Frau inspirierte, war gleichsam durch Alibis abgesichert. Wenn er auch immer wieder ihren Körper zeigte, so war es doch nicht sie selbst, die die Leute sahen, sondern sie war Venus, Andromeda, Diane, sie war eine lustige Bäuerin, eine Nymphe, eine Bacchantin, sie war Bathseba, sie war die drei Grazien, sie war Europa, und manchmal war sie auch die Madonna.

Um dies und sehr viel mehr zu schaffen, war er unermüdlich tätig. Einer seiner Neffen hat überliefert, dass er an jedem Tag morgens gegen vier Uhr aufstand, danach die Messe hörte, und dann bis fünf Uhr nachmittags arbeitete. Um sich von seinem zwölfstündigen Arbeitstag zu entspannen, unternahm er meistens einen Spazierritt. Wörtlich schrieb der Neffe: »Sein größtes Vergnügen war es, ein schönes spanisches Pferd zu besteigen, ein Buch zu lesen oder seine Medaillen, Achate, Karneole und andere geschliffene Steine, von denen er eine sehr schöne Sammlung hatte, zu sehen und zu betrachten.«

Gegessen hat er übrigens immer recht frugal, denn – so noch einmal der Neffe – er hatte »eine große Abneigung gegenüber übertriebenen Weingenuss und üppige Tafelei, wie auch gegen das Spiel«. Dennoch lebte er nicht nur für die Arbeit. Sehr stolz war er auf sein stattliches Haus, für dessen Verschönerung er viel Geld ausgab, und dann noch auf seine umfangreiche Sammlung von Gemälden. Er starb im 63. Lebensjahr.

Wer war's?

38 Da schickte er seine Frau einfach weg

Er schien wie besessen von der Leidenschaft für Ordnung und Sauberkeit. Im Haushalt seiner großen Familie hatte er alles geradezu militärisch reglementiert, und streng wachte er darüber, dass seine Anweisungen befolgt wurden. Täglich inspizierte er die Zimmer seiner Kinder. Während er auf Gesellschaften ein gern gesehener Spaßvogel war, immer bereit, komische Lieder zu singen, Zaubertricks vorzuführen, den Clown zu spielen und (oft recht peinliche) Witze zu reißen – er selber fand sich, wie er gern sagte, »unvergleichlich« –, regierte er zu Hause als strenger Zuchtmeister.

Wie bei fast allen Pedanten war es auch bei ihm nicht Liebe zur Ordnung, die ihn antrieb, sondern Angst vor der Unordnung; vielleicht meinte er, es sei Unordnung gewesen, was seine Eltern ins Gefängnis gebracht hatte. Ihm, der sein gewaltiges Arbeitspensum (und damit seinen Weg aus ärmlichsten Verhältnissen zu Weltruhm und Wohlhabenheit) nur mit eiserner Selbstdisziplin schaffte, erschien Misserfolg immer nur als Folge mangelnder Ordnung.

Er übersah jedoch, wie sein Ordnungsschema, das zwar ihm selber sicheren Halt zu geben schien, seine Angehörigen immer unselbstständiger und ängstlicher werden ließ. Vor allem seine Frau wurde aus lauter Unsicherheit zu einem ausgesprochenen Pechvogel, sodass ihr gerade bei besonderen Anlässen, die ihm so wichtig waren, komische Missgeschicke passierten.

So musste ihr ausgerechnet bei einem Festbankett das Armband in die Suppe fallen. Und wenn sie verreisten, um sich zu erholen, dann schien es unabwendbar, dass sie stürzte und sich etwas brach oder sich sonst wie verletzte.

Er lachte zwar über solche Missgeschicke und bedauerte seine Frau, aber insgeheim ärgerte er sich über ihre Unbeholfenheit. Und obwohl er in seinem umfangreichen Werk für kleine menschliche Unzulänglichkeiten so viel Verständnis zeigte und sie mit viel Liebe und Humor darstellte, konnte er im Leben diese ständige Quelle des Ärgers nicht bewältigen. So kam es, dass er seine Frau immer häufiger zu Hause ließ.

Und eines Tages ließ er sie, die er als Vierundzwanzigjähriger geheiratet und mit der er zehn Kinder hatte, ganz sitzen. Der Sechsundvierzigjährige hatte sich in eine 19 Jahre alte Schauspielerin verliebt, ein blondes zartes Mädchen mit großen blauen Augen; deswegen schickte er seine in 22 Ehejahren ziemlich dick gewordene Frau einfach weg. Und sie, ein Leben lang an seine Befehle gewöhnt, ließ sich das auch gefallen. Er ordnete an, dass sie zu dem schon erwachsenen ältesten Sohn zog, während alle jüngeren Kinder bei ihm blieben – versorgt von einer Schwester seiner Frau, die schon seit Jahren bei ihnen lebte. Mit seiner jungen Freundin zusammenzuleben, wagte er nicht. Das Verhältnis, das zwölf Jahre dauerte, bis zu seinem Tode, und aus dem ein Kind hervorging, blieb ein gut gehütetes Geheimnis.

Ob es ihm wirklich das ersehnte Glück gebracht hat, ist zumindest fraglich. Auf jeden Fall brachte es ihm viel Unbequemlichkeit. Vor allem war es kostspielig. Denn jetzt musste er für drei Haushalte sorgen: für den seiner Freundin, für den eigenen und für den seiner Frau. Und seine Freundin war anspruchsvoll und nicht leicht zufrieden zu stellen. Er musste also mehr Geld verdienen denn je zuvor, und das war mit ein Grund dafür, dass er in den letzten Jahren seines Lebens anstrengende Tourneen unternahm, auf denen er aus seinem Werk las. Der Hauptgrund für diese ihn völlig erschöpfenden Abende – immer häufiger brach er nach seinen Vorträgen zusammen – aber war nicht das Geld. Er brauchte (wie früher auf privaten Gesellschaften) den Beifall des Publikums; noch immer wollte er »unvergleichlich« sein.

Wer war's?

39 Da erfasste ihn »blutvergiftendes Entsetzen«

Er war kein Abenteurer, keiner, den es in die Welt hinaus zieht, und dem Goetheschen Spruch »Außer dem Haus ist immer das beste Leben« hätte er nie zugestimmt. Er wollte immer nur zu Hause sein, in der Heimat, und er hat sich selbst dann noch nach Hause gesehnt, wenn er zu Hause war. »Denn« – so hat Thomas Mann einmal von ihm gesagt –, »seine ›Heimatlichkeit‹ war wesentlich Sehnsucht, Nostalgie, ein Heimweh, das durch keine Realität zu stillen ist, denn sie richtet sich durchaus aufs Vergangene, Versunkene, Verlorene«. Nur daheim und innerhalb der Familie fühlte er sich einigermaßen sicher vor der Angst, »dass man am Ende einsam verloren geht ..., vor der Nacht des Vergessenwerdens«.

Heimat, Heim und Familie bezeichnete er als »die heiligsten Tiefen« seiner Seele. Sein Bestreben, sie zu bewahren, sie durch nichts erschüttern zu lassen, ging so weit, dass in diese Ordnung auch das Vergangene, ja sogar die Toten für alle Zeiten einbezogen blieben. So schrieb er einmal über sein Haus: »In allen Winkeln und auf allen Dingen lagen die Schatten vergangener Dinge; von allen, die einst lebten und starben, war eine Spur zurückgeblieben; uns, die wir ihres Blutes waren, trat sie überall entgegen und gab uns das Gefühl des Zusammenhangs mit einer großen Sippschaft; denn auch die Toten gehörten mit dazu. Ja, einige von uns wollten wissen, dass das Leben jener noch nicht ganz vorüber sei, dass es zuweilen in Nächten oder in einsamer Mittagsstunde sich den Enkeln kundzugeben wisse.«

War wirklich alles so fest gefügt? Oder redete er sich das nur ein? War es nicht vielleicht der Versuch, Fremdes, Überraschendes, Gefährdendes auszuschließen, auch Gefährdendes im eigenen Ich zu bannen? Seltsam zumindest und mit der von ihm gewollten Ordnung nicht gut übereinstimmend war es ja, dass er sich während seiner Verlobungszeit mit seiner Cousine, die er dann auch heiratete, zu seiner eigenen Betroffenheit in ein erst dreizehnjähriges Mädchen verliebte. Nach seiner Heirat kam dieses Kind oft ins Haus, und er gestand: »Da war jene berauschende Atmosphäre, der ich nicht widerstehen konnte.« Seine Frau wusste oder ahnte vielleicht mehr als er selber von dieser seltsamen Liebe, und sie war es, die das Mädchen, das ihn auch liebte, ins Haus zog. Und Jahre später, als seine Frau nach der Geburt ihres siebten Kindes im Sterben lag, schlug sie ihm vor, nun die Jüngere zu heiraten, was er dann auch tat.

Und so blieb die Familie weiterhin intakt, jedenfalls äußerlich. Aber offenbar hatte es hinter der ordentlichen Fassade längst Probleme gegeben; denn er gestand: »Das wäre alles noch schön und gut, aber die Leidenschaft für die Lebende brach über mich herein, als die Verstorbene noch mein Weib war.« Und der Verstorbenen hatte er einmal geschrieben: »Du lehrst es mich langsam, aber gründlich, dass man sein Herz an keinen Menschen hängen soll.«

Er hatte sein Herz schon als Student – er studierte Jura – an einen Menschen gehängt. Und auch das war seltsam gewesen. Denn da war der Gegenstand seiner Liebe ein erst zehnjähriges Mädchen, dem er über Jahre hin einen poetischen Kultus widmete, bis schließlich die inzwischen Fünfzehnjährige seine »todesbange« Werbung abwies.

Kann es also nicht Angst vor der Unordnung gewesen sein, die ihn so ordentlich werden ließ – in seinem bürgerlichen Beruf als Jurist sowohl als in seinem Nebenberuf, der allein ihn berühmt machte? Die so gefürchtete Unordnung brach dennoch ein in sein so sorgfältig abgeschirmtes Idyll. Bei seinem Ältesten, den er von ganzer Seele liebte, glaubte er eines Tages »Sonderbarkeiten« zu erkennen, die in ihm die unheimliche Frage aufsteigen ließen, ob nicht ein keimender Wahnsinn in dem Sohn sei. Es ging nicht gut aus. Früh wurde der Sohn zum Säufer, und der Vater, den »blutvergiftendes Entsetzen« erfasste, musste einsehen, dass »nur der Tod hier das Ende sein kann«.

Der Vater sah es als Tragik: »Wir büßen«, schrieb er, »im Leben viel öfter für die Schuld der Allgemeinheit, wovon wir ein Teil sind, für die der Menschheit, des Zeitalters, des Standes … für die Schuld der Vererbung, des Angeborenen und für die entsetzlichen Dinge, die daraus hervorgehen, gegen die wir nichts vermögen, für die unüberwindlichen Schranken usw. Wer im Kampf dagegen unterliegt, das ist der echte tragische Held.«

Er selbst ist nicht unterlegen. Nachdem er bis zu seinem 63. Lebensjahr im Amt geblieben war, ließ er sich pensionieren, baute sich noch ein Haus und starb als Siebzigjähriger im Kreise seiner Familie. Seine jüngste Tochter, Kind aus der zweiten Ehe, berichtete:

»Wir waren alle dabei, seine Frau und seine sieben Kinder umstanden sein Bett.«

Wer war’s?

40 Reinheit durchstrahlt das behütete Haus

Sein Vater, der ursprünglich Lohndiener war, hatte sich durch Fleiß und Sparsamkeit ein kleines Vermögen erworben und davon Land gekauft, auf dem er Gemüse zog, sich mit der Bienenzucht befasste und einen Töpfereibetrieb unterhielt. Dass der älteste Sohn, dessen besondere Begabung und Intelligenz sich schon früh zeigten, ebenfalls Bauer werden sollte, scheint nie in Betracht gezogen worden zu sein: Als die Familie in eine Stadt umsiedelte, ging er dort in eine Schule, um Lesen, Schreiben und Rechnen zu lernen. Danach besuchte er in größeren Städten weitergehende Schulen, vermutlich mit dem Ziel (oder doch in der Hoffnung der Eltern), Anwalt oder Staatsbeamter zu werden.

Diese Hoffnung hat sich nicht erfüllt, und zwar deswegen nicht, weil er es nicht liebte, öffentlich aufzutreten, und weil ihm das Reden schwer fiel. Schon der laute und seiner Meinung nach leere Unterrichtsbetrieb, an den zu seiner Zeit hoch angesehenen Rednerschulen stieß ihn ab. »Rhetorenampullen« nannte er sie später verächtlich. Und er schimpfte über die »von fadem Wissensfett triefende Schulfuchserzunft«.

Auf Leute, die dort ihren Weg machten, wirkte er ungewandt, linkisch, ja tölpelhaft, zumal er weder auf gute Haltung noch auf feine Kleidung Wert legte. Nur wem es gelang, ihn ins Gespräch zu ziehen, konnte hinter seiner Schüchternheit eine geniale Begabung ahnen. Einer, der sich einen Namen daraus gemacht hat,

Begabten zu helfen, förderte ihn und brachte ihn in die richtigen Kreise. Ein anderer stellte ihm für längere Zeit sein Landhaus zur Verfügung, wo er ungestört leben und arbeiten konnte.

Immer hat er sich gern in das ihm von Kindheit an vertraute ländliche Leben zurückgezogen oder sich zumindest dorthin zurückgeträumt. In einem seiner Werke heißt es: »Wenn mir aber das Blut zu kalt und träge durchs Herz rinnt, / dass mir's an Kräften gebricht, so tief die Natur zu ergründen, / Ländlichkeit wünscht' ich mir dann, in Tälern belebend Gewässer, / Flüsse und Wälder, nicht Namen und Ruhm ...« Er lobte die »sorglose Ruhe« und das »Leben in redlicher Einfalt«, das der Bauer führen kann: »Auch schmerzt ihn weder das Mitleid mit Armen, noch plagt ihn der Neid auf den Reichen.«

Verglichen mit der übrigen Welt, in der es ständig Ärger gebe, Streit mit Pacht- und Steuerbehörden, vor allem aber Kriege und Bürgerkriege, stellte er das Leben auf dem Lande als Idylle dar, als ein der Allgemeinheit verloren gegangenes goldenes Zeitalter: »Schwer wogt draußen die Ernte, die Speicher brechen vor Fülle. / Neigt sich das Jahr, dann presst man Öl aus den besten Oliven / eichelgenährt kommt wieder das Schwein, im Walde gibt's Beeren, / mancherlei Früchte spendet der Herbst. An felsigen Hängen / hoch in der Sonne glühen zu süßer Reife die Trauben. / Nach der Arbeit umdrängen die Kinder mit Küssen den Vater, / Reinheit durchstrahlt das behütete Haus ...« So – sagt er – lebten einst alle »auf Erden in goldener Weltzeit«.

Als er aus diesem Werk einmal dem mächtigsten Mann seiner Zeit vorlas, gab dieser ihm den Auftrag zu einem weiteren, größeren Werk. Daran hat er elf Jahre gearbeitet, mit geradezu ängstlicher Sorgfalt und Umsicht. Als es fertig war, entschloss er sich zu einer Reise nach Kleinasien; dort wollte er drei Jahre lang nichts anderes tun, als dieses Werk, das ihm über Jahrhunderte hin den Ruhm einbrachte, der größte Dichter der Welt zu sein, zu überarbeiten und von möglichen Fehlern zu befreien. Doch schon zu Beginn der Reise erkrankte er; er musste umkehren und starb im Alter von nur 51 Jahren.

Wer war’s?

41 Ohne sein Geld sähe die Welt heute anders aus

Er hatte mehrere Berufe, die er nur zum Teil nacheinander, zum größeren Teil nebeneinander ausübte, und zwar so erfolgreich, dass er ein vermögender und einflussreicher Mann wurde. Seine größtenteils erfolgreichen Geschäfte brachten ihm so viel Gewinn, dass er dann und wann auch finanzielle Rückschläge verkraften konnte oder sie vielmehr bewusst auf sich nahm, wenn es ihm bei einem Unternehmen vor allem um die Sache und erst in zweiter Linie ums Geld ging. Das war zum Beispiel der Fall, als er in seinem Verlag eine 70-bändige Ausgabe eines berühmten Zeitgenossen herausbrachte. Bei diesem Unternehmen, das sich über mehrere Jahre hinzog, hat er zigtausende Francs zugesetzt.

Noch ein zweites Mal ging es ihm bei einem Geschäft mehr um die Sache als ums Geld. Dabei handelte es sich um ein sehr viel größeres Abenteuer als die Gesamtausgabe eines Schriftstellers. Es ging um die Gründung eines neuen Staates, die indessen nicht friedlich vonstatten ging, sondern mit einem Krieg begann. Er war überzeugt, dass man die Freiheitskämpfer, die es zu jenem Krieg hatten kommen lassen, unterstützen müsse. Und zwar in Form von Waffenlieferungen. Innerhalb weniger Wochen lieferte er ihnen unter anderem: 216 Kanonen, 300 000 Pulverrationen, 30 000 Flinten, 200 Kanonenläufe, 27 Mörser, 13 000 Bomben, 8 Transportschiffe, vollständige Ausrüstung für 30 Offiziere, 95 000 Ellen Tuch für Waffenröcke, 42 000 Ellen für Unterfutter, 60 000 Paar Wollstrümpfe, 120 000 Dutzend Uniformknöpfe, 30 000 Decken, 180 000 Ellen Leinwand für Hemden, 15 000 Pfund Zwirn, 1 000 Pfund Seife, 1 000 000 grobe Nähnadeln, 30 000 Sacktücher, 30 000 Paar Schuhschnallen, 20 000 Paar Schuhe.

Das war indessen erst der Anfang seiner Lieferungen. Insgesamt lieferte er über mehrere Jahre hin gut das Zehnfache, und zwar im Wert von vielen Millionen Francs. Ein Geschäft wurde das Unternehmen für ihn jedoch nicht. Denn die Freiheitskämpfer konnten nicht immer bezahlen. Auch wurden einige seiner Schiffe gekapert, weswegen er für seine Handelsflotte ein eigenes Schlachtschiff ausrüsten ließ. Häufiger als mit fest zugesagten Zahlungen musste er sich mit wortreichen Dankschreiben der von ihm Unterstützten begnügen.

Ohne seine Hilfe wäre jener neue Staat, um dessen Gründung es ging, möglicherweise gar nicht entstanden, zumindest noch nicht zu jener Zeit. Und das heißt, dass die Weltgeschichte ohne ihn anders verlaufen wäre. Seltsamerweise ist sein finanzieller Einsatz bei jenem Freiheitskrieg bald in Vergessenheit geraten. Dennoch wurde sein Name berühmt (und ist es noch heute). Dieser Ruhm hängt jedoch mit einem seiner anderen Berufe zusammen. Und in diesem Beruf hat er es ebenfalls verstanden, zu Geld zu kommen. Das war zu seiner Zeit nicht ganz leicht, weil jener Berufsstand finanziell benachteiligt war. Ihm gelang es, das zu ändern, indem er einen Kampf um Tantiemen aufnahm und gewann.

In einem Memorandum schrieb er: »In den Foyers unserer Schauspielhäuser meint man: Es sei nicht edel von den Autoren, gemeine Geldfragen anzuregen, da ihre höchste Sorge doch sein soll, nach Künstlerruhm zu streben. Gewiss: Nichts ist lockender als Ruhm; nur vergisst man dabei, dass, wer sich seiner auch nur einmal im Jahr erfreuen will, von der Natur dazu verdammt ist, dreihundertfünfundsechzigmal im Jahr zu Mittag zu essen; und wenn der Krieger und der Staatsmann nicht erröten, den edlen Lohn für ihre Dienste einzuheimsen und immer höhere Grade anzustreben, die ihnen noch größere Einnahmen verschaffen, weshalb sollte der Sohn Apollos, der Sohn der Musen, der unablässig Not gedrungen mit seinem Bäcker rechnen muss, just mit den Schauspielern nicht rechnen?«

Da lag das Problem: Zu seiner Zeit verdienten die Schauspieler entschieden mehr als die Bühnenautoren, die für sämmtliche Aufführungen mit einer einzigen Honorarzahlung abgefunden wurden. Er aber setzte es durch, dass die Autoren an allen Aufführungen ihrer Stücke finanziell beteiligt wurden, wodurch er zahlreichen Autoren zu viel Geld verhalf. Übrigens haben keineswegs alle ihm das gedankt. Es gab Literaten, die ihm vorwarfen, mit seiner Geldgier die Literatur verseucht zu haben. Ihn störten solche puristischen Ansichten in keiner Weise.

Er hatte bei seinem Tantiemekrieg zunächst an sich selbst und seine eigenen Stücke gedacht. Besonders eines von diesen begründete seinen Weltruhm, indem es in verhältnismäßig kurzer Zeit mehr als 100 Aufführungen erlebte. Es war ein lustiges Stück. Aber es war zugleich viel mehr. Viele Leute, vor allem die Herrschenden, hielten es – und durchaus zu Recht – für ein höchst gefährliches Stück, und sie versuchten deswegen, die Aufführung zu verhindern. Die Gefährlichkeit des Stückes richtete sich in der Tat gegen die Herrschenden, indem es ihre Privilegien, die sich vor allem auf ihre Geburt gründeten, in Frage stellte. Es hat seinem Autor nicht nur sehr viel Geld gebracht, sondern mitgeholfen, eine neue Zeit vorzubereiten, eine Zeit, die er noch erlebt hat. Er starb im Alter von 67 Jahren als mehrfacher Millionär.

Wer war's?

42 Er wollte die ganze Erde vernichten

Von seinem Geburtsort sagt er: »Bis zu meinem Todestage werde ich ihn hassen.« Sein Hass schließt das Elternhaus ein, und als Junge war er überzeugt, »im falschen Haus geboren« zu sein. Zwar änderte sich diese Einstellung später; von da an sagte er, dass seine Kindheit »ein langer Festtag, ein Karneval der Jugend, … ja ein Paradies« gewesen sei. Was ihm aber unverändert im Bewusstsein blieb, war das schlechte Verhältnis zu seiner Mutter. Erst in den letzten Monaten ihres Lebens fühlte er sich ihr nahe. Nach ihrem Tod – er war da schon 64 – schrieb er: »Als sie starb, fühlte ich eine Befreiung … Stand mir im Wege mein ganzes Leben lang …«

Was er ihr so nachtrug, war die Tatsache, dass sie ihn oder vielmehr seine Arbeit nie anerkannt hat. Wenn es nach ihr gegangen wäre, dann hätte er ein Leben als fleißiger Schneider geführt. Er aber ging von Anfang an seinen eigenen Weg, dessen Ziel allerdings schwer zu erkennen war. Schon auf der Schule hielt er es nicht aus; »angeekelt von der Atmosphäre und von dem Stumpfsinn des Stundenplanes«, verließ der Siebzehnjährige sie: »Ich sah keinen Sinn darin, meinen Kopf mit Schulkenntnissen voll zu stopfen. Und ich sehe heute noch weniger einen Sinn darin … Aus den acht Jahren meiner Schulzeit habe ich nichts von Wert für mich davongetragen. Mehr noch – mich kann man nichts lehren; ich muss alles selber herausfinden.«

Als sein Vater ihm Geld für ein Universitätsstudium gab, nahm er das Geld und verschwand zusammen mit seiner Geliebten, »einer Frau, alt genug, um meine Mutter zu sein«. Als das Geld verbraucht war, kehrte er nach Hause zurück, ging aber bald wieder fort. Denn er wollte frei sein, frei vom Elternhaus, frei von seiner Geburtsstadt, frei von allen Menschen, die dort lebten.

Es kam die Zeit, da er sich in immer neuen Berufen versuchte. Er arbeitete als Kellner, Bote, Plakatankleber, eine Zeit lang war er Hotelpage, Barmixer, dann Stenotypist, Hilfsbibliothekar, Versicherungskassierer, Hilfskraft in einem Büro, Billettlocher, Mechaniker, Müllkutscher und sogar Totengräber. Totengräber war er nur ein paar Wochen, obgleich er am liebsten die ganze Welt begraben hätte, zumindest aber sein Heimatland, das für ihn ein »Albtraum« blieb, eine »Senkgrube des Geistes« und das er am liebsten »von oben bis unten ausradiert sehen« wollte: »Ich möchte die ganze Erde vernichten. Ich gehöre nicht zu ihr. Ein Narrenhaus von A bis Z! ... Zum Teufel damit! Töte, töte, töte! Töte sie alle, Juden und Christen, Junge und Alte, Gute und Böse ...«

Aber zugleich wollte er auch leben. Er machte – schon zum zweiten Mal verheiratet – eine Kneipe auf, ungesetzlich. Und als die Staatsanwaltschaft sich darum kümmerte, verdrückte er sich und überließ es seiner Frau, mit der Situation fertig zu werden. Die Liste seiner Jobs wird noch länger. Aber was immer er tut, denkt, fühlt, er wird es verwerten für seine eigentliche Arbeit. Er will nicht nur zerstören, auch nicht nur leben, er will helfen, eine neue Welt zu schaffen, die rein ist von Schmach, Entstellung, Verlorenheit, eine ehrliche

Welt, »die ein Gefühl für Knochen und Umrisse hat, … eine Welt, die Respekt vor ihrem tierischen Ursprung hat«.

Es dauert lange, bis er sich verständlich machen kann, und sehr lange, bis auch Staatsanwälte ihn verstehen. Rückblickend sagt er: »Was ich klarzumachen versucht habe, manchmal verzweifelt, ist, dass ich auf das Leben selbst als etwas Gutes blicke, ganz gleich, unter welchen Bedingungen; dass immer wir es sind, die das Leben lebensunmöglich machen, wir, nicht die Götter, nicht das Schicksal, nicht die Umstände.«

Wer war's?

43 Rauchen, um das Gewissen zu betäuben

Als junger Mensch hatte er eine Phase, in der er viel trank, statt zu arbeiten, in Spielkasinos saß und hohe Summen verspielte. Später war er sehr diszipliniert und bewältigte ein großes Arbeitspensum. Und da sah er in dem Genuss von Alkohol, Tabak und Rauschgift etwas Lasterhaftes, Unsittliches. Auch der Tabak gehörte für ihn zu den Betäubungsmitteln wie Schnaps, Wein, Bier, Haschisch, Opium, Äther, Morphium.

In einer Schrift versuchte er zu beweisen, dass die Menschen keineswegs, wie sie behaupten, aus Langeweile oder aus Genusssucht trinken oder rauchen, sondern um ihr Gewissen einzuschläfern. Denn, so argumentierte er: »Unser Leben ist nicht, wie es nach den Forderungen des Gewissens sein sollte.« Es aber entsprechend umzugestalten, fehle die Kraft, und um nicht ständig unter einem schlechten Gewissen zu leiden, werde das Gewissen betäubt.

Er wusste dafür ein Beispiel: »Ich erinnere mich der überraschenden Aussage eines angeklagten Kochs, der meine Verwandte, ein altes Fräulein, getötet hatte, bei der er in Diensten stand. Er erzählte: Als er ins Schlafzimmer kam und das Messer an ihren Hals legte und sie röchelnd zurückfiel und das Blut strömend heraus quoll, habe ihn Furcht erfasst. ›Ich konnte den Schnitt nicht weiter führen‹, sagte er, ›und ging aus dem Schlafzimmer in das Wohnzimmer, setzte mich dort auf den Stuhl und rauchte eine Zigarette.‹ Erst nachdem er sich durch den Tabak betäubt hatte, fühlte er wieder die Kraft in sich, in das Schlafzimmer zurückzugehen, seine Mordtat fortzusetzen und die Habseligkeiten der alten Frau zu durchsuchen.«

Genauso verhielten sich die Menschen auch in alltäglichen Situationen, meinte er und schilderte dann seine eigenen Rauchgewohnheiten: »Wann empfand ich das besondere Bedürfnis nach Tabak? Es geschah das immer in solchen Augenblicken, wenn ich nicht gern an das denken wollte, was mir durch den Sinn ging – wenn ich vergessen wollte, nicht denken. Ich sitze allein, müßig, ich weiß aber, ich muss an die Arbeit gehen, ich habe nur keine rechte Lust dazu. Ich zünde eine Zigarette an und sitze weiter müßig da ...«

Dass Rauchen die geistige Arbeit, das Denken fördere, sei ein verhängnisvoller Irrtum, meinte er; es setze lediglich die Kritikfähigkeit herab: »Es ist sehr wahrscheinlich, dass Kants Werke ... nicht in einer so unklaren, schlechten Sprache geschrieben wären, wenn er nicht soviel geraucht hätte.« Ja, er war überzeugt, alle Verrücktheiten und alle Übel dieser Welt kämen nur davon, dass die Menschen ihr Gewissen ständig betäubten und sich in den Zustand der Trunkenheit versetzten. »Wäre es sonst möglich«, fragte er, »dass die Menschen ... ruhig alles das tun könnten, was in unserer Welt geschieht, vom Eiffelturm an bis zur allgemeinen Wehrpflicht? ... Millionen Zentner Eisen vergeudet man, um einen Turm zu bauen; und Millionen Menschen halten es für ihre Pflicht, auf diesen Turm hinaufzuklettern, oben zu verweilen und wieder herunter zu klettern ... Oder ein anderes: Alle europäischen Völker sind nun schon Jahrzehnte damit beschäftigt, die besten Mittel zu ersinnen, um die Menschen tot zu schlagen ...« Als er dies schrieb, um mitzuhelfen, die Welt »von diesem furchtbaren Übel« der Betäubung durch Alkohol und Tabak zu befreien, war er 62 Jahre alt und hatte sich das Rauchen, das Trinken und sogar das Fleischessen abgewöhnt. Aber später wurde er rückfällig. Zwar brachte er es weiterhin fertig, auf Fleisch und Alkohol zu verzichten, von seinem verhassten Tabak aber kam er nie los.

Wer war's?

44 Stets darauf bedacht, sein Geld gut anzulegen …

Als er heiratete, war er 18 Jahre alt. Dennoch war es bereits höchste Zeit. Denn nur sechs Monate später, fast auf den Tag genau, kam seine Tochter zur Welt. Ihr folgte knapp zwei Jahre darauf ein Zwillingspärchen. Mit 21 musste er also schon für eine recht ansehnliche Familie aufkommen. Und so ist es denn kein Wunder, dass er versuchte, das Geld, das er verdiente, sicher und gewinnbringend anzulegen.

Dabei hatte er nicht nur für sich und seine eigene Familie zu sorgen. Er musste auch den Vater unterstützen, der in wirtschaftliche Schwierigkeiten geriet und – obgleich Ratsherr – kaum noch wagte, in der Öffentlichkeit aufzutreten und zum Beispiel nicht mehr in die Kirche ging, weil er fürchten musste, dort von seinen Gläubigern gestellt zu werden.

Indessen scheint der Sohn recht gut verdient zu haben; denn obwohl er half, den Vater zu entschulden, konnte er sich schon bald – er war inzwischen 33 – das ansehnlichste Haus jenes kleinen Städtchens kaufen, in dem er zur Welt gekommen war, wo er die meiste Zeit lebte und wo er auch sterben sollte. Möglicherweise hat er sich bei diesem Kauf ein wenig übernommen; sein Name steht zu jener Zeit und in den folgenden Jahren noch fünfmal auf einer Liste von Steuerpflichtigen, die ihre Steuerschuld nicht beglichen haben.

Offenbar war er geschickt genug, wenigstens zeitweise unterzutauchen. Drei Jahre lang konnten die

Steuereinnehmer ihn nicht ausfindig machen, und im vierten Jahr brachten sie nur seinen ungefähren Aufenthaltsort in Erfahrung. Doch im Jahr darauf scheint man seine Steuerrückstände eingetrieben zu haben.

Inzwischen hatte er sich von jenem Hauskauf finanziell erholt. Er konnte nicht nur die rückständigen Steuern zahlen, sondern erwarb jetzt auch ein beträchtliches Stück Ackerland. Es waren 450 000 Quadratmeter. Diesen Besitz rundete er einige Jahre später ab, indem er weitere 200 000 Quadratmeter Acker- und 84 000 Quadratmeter Weideland hinzukaufte. Ein großer Teil seines Ackerlandes war Weizenboden.

Bearbeitet hat er das Land nicht selber; von einigen Obstgärten abgesehen, die er bewirtschaftete, hat er es verpachtet. Es war nicht landwirtschaftliche Arbeit, was ihm Weltruhm einbrachte. Aber mit ihren wohl ziemlich regelmäßigen Pachtverträgen bot ihm die Landwirtschaft eine sichere Basis. Und besonders in Notzeiten war es gut, an der Quelle zu sitzen. Als nach zwei Missernten und durch die Umwandlung weiter Strecken Ackerlandes in Schafweiden im ganzen Land das Getreide knapp wurde und die Regierung nach gehorteten Getreidevorräten forschte, fand man bei ihm etwa 50 Zentner. Für die eigene Familie wäre eine solche Menge viel zu groß gewesen. Wollte er also mit der Not der anderen ein Geschäft machen? Wie scharf er hinter Geld her war, zeigt ein zehn Monate langer Prozess mit sechs Gerichtsterminen, den er wegen einer kleinen Summe gegen einen Schuldner angestrengt hatte.

Die bedeutendste Kapitalanlage seines Lebens machte er im Alter von 41 Jahren. Da erwarb er für einen hohen finanziellen Einsatz das Recht auf eine jährliche

Rente für die Dauer von 31 Jahren. Anfangs betrug die Rente etwa ein Zwölftel des eingezahlten Betrages, allmählich sollte sie auf fast ein Siebtel steigen. Insgesamt sollte ein Vielfaches der Kaufsumme herausspringen. Doch bevor sich dieses Unternehmen für ihn rentierte, ja vermutlich auch nur der eingezahlte Betrag an ihn zurückgeflossen war, kam der Tod. Er starb an seinem Geburtstag, als er gerade 52 Jahre alt wurde.

Unbekannt ist, was für ein Tod es war und wie er, der so viel über Tod und Leben nachgedacht hatte, ihn aufnahm. Als – wie er ihn einmal darstellte – einen »Trostbringer«? »Hier lauert kein Verrat, hier schwillt kein Leid, / wächst kein verhasster Zwist, kein Sturm für euch, / kein Lärm: nur Schweigen und ein ew'ger Schlaf«? Immer wieder aber hatte ihn die Frage gequält, »was in dem Schlaf für Träume kommen mögen, wenn wir den Drang des Ird'schen abgeschüttelt«. Und manchmal hatte ihn vor dieser Ungewissheit das nackte Grauen gepackt:

»Ja, aber sterben! Gehn, wer weiß, wohin, / da liegen, kalt, eng, eingesperrt und faulen; / dies lebenswarme, fühlende Bewegen / verschrumpft zum Kloß; und der entrückte Geist / getaucht in Feuerfluten oder schaudernd / umstarrt von Wüsten ew'ger Eisesmassen, / gekerkert sein in unsichtbare Stürme / und mit rastloser Wut gejagt rings um / die schwebende Erd'; oder Schlimm'res werden / als selbst die Schlimmsten unter denen, die / zügellos wild umschweifende Gedanken / sich heulend vorstellen; / zu entsetzlich ist das! Das schwerste ird'sche Kummerleben, / das Alter, Armut, Schmerz, Gefangenschaft / den Menschen auferlegt, ist gegen das, / was uns im Tode droht, ein Paradies.«

Vier Wochen bevor er jenen Schritt ins Ungewisse tun musste, hatte er ein Testament gemacht. Haupterbin wurde seine älteste Tochter. Seiner Frau vermachte er aus dem ganzen Vermögen nur ein einziges Stück: das »zweitbeste Bett«.

Wer war's?

Es war …

1 *Albert Einstein* (1879 bis 1955), Physiker: Die Stadt, die ihn auszeichnen wollte, war Berlin, wo Einstein seit 1922 als Mitglied der Preußischen Akademie der Wissenschaften und als Direktor des Kaiser-Wilhelm-Instituts für Physik wirkte. 1933 emigrierte er.

2 *Leonardo da Vinci* (1452 bis 1519), Maler, Bildhauer, Architekt, Naturforscher, Techniker, Erfinder.

3 *Nikolaus Kopernikus* (1473 bis 1543), der mit seinem Werk *De revolutionibus orbium coelestium* das heliozentrische Weltbild begründete.

4 *Carl Friedrich Gauss* (1777 bis 1855), Mathematiker, dargestellt aufgrund eines Aufsatzes von Thomas v. Randow im VII. Band der Enzyklopädie *Die Großen der Weltgeschichte.*

5 *Christoph Kolumbus* (1451 bis 1506), der Entdecker Amerikas.

6 *Max Planck* (1858 bis 1947), Physiker, mehr als 25 Jahre lang einer der vier beständigen Sekretäre der Preußischen Akademie der Wissenschaften. Sein Sohn Erwin war an der Verschwörung vom 20. Juli 1944 gegen Hitler beteiligt. – Der zitierte Freund und Kollege war Albert Einstein, der Schöpfer der Relativitätstheorie.

7 *Sigmund Freud* (1856 bis 1939), der Begründer der Psychoanalyse. Er hat in regelmäßigen Abständen alle persönlichen Aufzeichnungen vernichtet; er meinte, sein seelisches Leben gehe niemanden etwas an.

8 *Franz von Assisi* (1181/82 bis 1226): Er gründete den Bettelorden der Franziskaner, der seine Mitglieder zu völliger Armut verpflichtet.

9 *Jacob Grimm* (1785 bis 1863): Schöpfer der germanischen Sprachwissenschaften, gab zusammen mit seinem Bruder Wilhelm die *Kinder- und Hausmärchen* und die *Deutschen Sagen* heraus und begann das große Unternehmen des *Deutschen Wörterbuchs.*

10 *Friedrich Nietzsche* (1844 bis 1900); er hatte sich in Lou Salomé verliebt. Der Altphilosoph wandte sich in seinen philosophischen Schriften gegen das Bildungsphilistertum, gegen den Historismus und die Ideologie des Sozialismus, schließlich gegen das Christentum.

11 *Johann Friedrich Kessler*, deutscher Chirurg: Wie er die Gefangenschaft überstand, in die er 1775 geriet, hat er in seinem Buch *Reisen zu Wasser und zu Lande* beschrieben.

12 *Jean-Jaques Rousseau* (1712 bis 1778), Philosoph: Dass er seine fünf Kinder ins Findelhaus gegeben hat, ohne je zu erfahren, was aus ihnen wurde, scheint er nie bereut zu haben; er schrieb: »... ich habe im Gegenteil oft den Himmel gesegnet, meine Kinder vor

dem Schicksal ihres Vaters und vor dem Los bewahrt zu haben, das sie bedroht hätte, sobald ich sie zu verlassen gezwungen gewesen wäre.«

13 *Jean-Paul Sartre* (1905 bis 1980), der französische Existenzphilosoph.

14 *Friedrich Engels* (1820 bis 1895), lebte im Exil in England, so wie auch sein Freund Karl Marx, dem er dort unermüdlich half. Gemeinsam haben sie 1848 das *Manifest der Kommunistischen Partei* verfasst. Engels gab nach dem Tod seines Freundes den 2. und 3. Band von dessen Werk *Das Kapital* heraus.

15 *Isaak Newton* (1642 bis 1727); zwischen ihm und Leibnitz kam es wegen der Differential- und Integralrechnung zu einem Prioritätsstreit.

16 *Fridtjof Nansen* (1861 bis 1930), der 1893/96 seine Polarfahrt mit der »Fram« machte, aber den Pol nicht ganz erreichte. Nach dem Ersten Weltkrieg wirkte er für die Heimkehr von Kriegsgefangenen. 1921/23 half er in den russischen Hungergebieten. 1922 erhielt er den Friedensnobelpreis.

17 *Konrad Adenauer* (1876 bis 1967), zweimal entlassen als Bürgermeister von Köln, Mitbegründer der CDU und erster Bundeskanzler der Bundesrepublik Deutschland.

18 *Alexander der Große* (355 bis 323 v. Chr.), Sohn Philipps II. von Makedonien, erzogen vom griechi-

schen Philosophen Aristoteles. In der persischen Stadt Susa veranstaltete er eine Massenhochzeit: er selber so wie Tausende seiner Soldaten heirateten Perserinnen – Symbol einer von ihm ersehnten Vermählung Europas mit Asien.

19 *Napoleon Bonaparte* (1769 bis 1821), der spätere Kaiser der Franzosen: Er besuchte zunächst die Militärschule von Brienne, als fünfzehnjähriger Kadett kam er dann auf die Militärschule von Paris, wo er den normalerweise zwei Jahre dauernden Kurs in nur einem Jahr absolvierte. Eben 16 Jahre alt, erhielt er sein Offizierspatent.

20 *Maria Stuart* (1542 bis 1587), Königin der Schotten: Sie wuchs am französischen Hof auf, wo sie den (späteren) König von Frankreich, Franz II., heiratete, der jedoch bald starb. Nach Schottland zurückgekehrt, heiratete sie Lord Darnley, der drei Jahre danach von dem mit ihr befreundeten Lord Bothwell ermordet wurde. Als sie dann Bothwell heiratete, wurde sie gestürzt. Sie bat Elisabeth von England um Asyl; von ihr wurde sie gefangen gesetzt, vor Gericht gestellt und zum Tode verurteilt.

21 *Friedrich der Große* (1712 bis 1786), König von Preußen, Sohn und Nachfolger des »Soldatenkönigs«.

22 *John Fitzgerald Kennedy* (1917 bis 1963), von 1961 bis zu seiner Ermordung 35. Präsident der USA: Sein Vater, der Bankier und Reeder Joseph Patrick Kennedy, war 1937/40 US-Botschafter in London.

23 *Kaspar Hauser* (1813 bis 1833), der angeblich 16 Jahre lang versteckt worden war, dann in Nürnberg auftauchte. Seine Herkunft ist bis heute ungeklärt. Frühzeitig tauchte die Behauptung auf, er sei ein beiseite geschaffter Erbprinz von Baden.

24 *Golda Meir* (geb. 1898 in Kiew, gestorben 1978), von 1969 bis 1974 Ministerpräsidentin von Israel. – Zitiert wurde hier nach ihrer Autobiografie: *Mein Leben*.

25 *Friedrich Wilhelm II.* (1744 bis 1797), König von Preußen, Neffe und Nachfolger des berühmten Friedrich des Großen.

26 *Zar Peter I. von Russland* (1672 bis 1725): Sein Sohn Aleksej, undesignierter Nachfolger, stand unter dem Einfluss der konservativen und oppositionellen Geistlichen. Im September 1716 war er nach Wien geflohen, wo der Kaiser ihm Asyl gewährte. Doch der russische Gesandte hatte ihn zur Rückkehr überredet.

27 *Friedrich I. Barbarossa* (um 1125 bis 1190), deutscher König und römischer Kaiser: Seine brutale Härte zeigte sich in seinem Kampf gegen die oberitalienischen Städte, als er zum Beispiel Mailand völlig zerstören ließ. Zugleich galt er als Vorbild des Ritterlichen, Heiteren, Höfischen.

28 *Herodes der Große* (um 73 bis 4 v. Chr.), König der Juden.

29 *Ludwig XVI.* (1754 bis 1793), König von Frankreich, der als »Bürger Capet« unter der Guillotine starb (wie wenig später auch seine Frau Marie Antoinette).

30 *Rainer Maria Rilke* (1875 bis 1926): In Worpswede heiratete er die Bildhauerin Clara Westhoff.

31 *Wolfgang Amadeus Mozart* (1756 bis 1791). Als er starb, musste er in einem Armengrab beigesetzt werden. An seinen schlechten finanziellen Verhältnissen ist oft seiner Frau Schuld gegeben worden, aber zu Unrecht; nach seinem Tode, als Witwe und in zweiter Ehe, hat Constanze ausgesprochen ökonomisch gewirtschaftet.

32 *Johann Wolfgang von Goethe* (1749 bis 1832): Über Malcesine berichtet er in der *Italienischen Reise (Teil I)* unter dem 14. September 1786. Der Kaiser, der ihn beobachten ließ, war Joseph der II.

33 *Charles Chaplin* (1889 bis 1977), Sohn eines englischen Schauspielers; reich wurde er als Filmkomiker, Autor, Regisseur und Produzent.

34 *Vincent van Gogh* (1853 bis 1890). Er hat sich erschossen. Von seinen Bildern wurde zu seinen Lebzeiten nur ein einziges verkauft. Er vermachte sie alle seinem Bruder Theo.

35 *Frédéric Chopin* (1810 bis 1894): Er lebte mit der französischen Schriftstellerin George Sand zusammen, die am liebsten Männerkleidung trug.

36 *Lola Montez* (1818 bis 1861), die sich als spanische Tänzerin ausgab, aber aus der irischen Stadt Limerick kam, nach der Nonsensverse heißen. 1846 kam sie nach München, nachdem sie zuvor in Paris und als Kind – ihr Vater war britischer Offizier – in Indien gelebt hatte. In München gewann sie die Gunst König Ludwigs I. (an dessen Hochzeit alljährlich das Oktoberfest auf der Theresienwiese erinnert); er verlieh ihr den Titel einer Gräfin Landsfeld. 1848 führte dieses Verhältnis, das vor allem von Ludwigs Schwester Auguste, der Witwe Eugènes de Beauharnais, des einstigen Vizekönigs von Italien und späteren Herzogs von Leuchtenberg, stets als eine Gefahr angesehen worden war, zu Unruhen in der bayerischen Hauptstadt; es hat Ludwigs Abdankung bei der Märzrevolution mitverursacht.

37 *Peter Paul Rubens* (1577 bis 1640): In seinen Bildern zeigte er die Pracht und die rauschende Fülle eines sinnenfrohen Lebens.

38 *Charles Dickens* (1812 bis 1870); der englische Erzähler gilt als Begründer des »sozialen Romans«: Selbst aus ärmlichen Verhältnissen stammend, zeigte er die Welt der kleinen Leute, der Stiefkinder der Gesellschaft, und übte auf diese Weise Kritik an den sozialen Missständen.

39 *Theodor Storm* (1817 bis 1888), der Erzähler des *Schimmelreiters* und anderer Geschichten aus der Marsch: Er lebte viele Jahre lang in Husum, das

zunächst noch dänisch war und wo der Fünfunddreißigjährige aus dem Amt gewiesen wurde, als er sich zur schleswig-holsteinischen Volksbewegung bekannte.

40 *Vergil* (70 bis 19 v. Chr.), römischer Dichter, der in seinem Epos *Äneis* die Größe und geschichtliche Sendung Roms verherrlichte, gewissermaßen im Auftrag Kaiser Augustus' und gefördert von Mäcenas.

41 *Caron de Beaumarchais* (1732 bis 1799), französischer Dramatiker: Seine bekanntesten Stücke sind die Lustspiele *Der Barbier von Sevilla* und *Die Hochzeit des Figaro*. Der von ihm weitgehend finanzierte Krieg war der amerikanische Unabhängigkeitskrieg. Er besorgte die erste (70-bändige) Gesamtausgabe von Voltaire.

42 *Henry Miller* (1891 bis 1980), berühmt vor allem durch seine Romane *Wendekreis des Krebses* und *Wendekreis des Steinbocks*.

43 *Leo Tolstoi* (1828 bis 1910), russischer Schriftsteller.

44 *William Shakespeare* (1564 bis 1616): Über das »zweitbeste Bett« ist in der Forschung viel gerätselt worden, ohne dass man zu einer wirklich überzeugenden Erklärung dieser Verfügung gekommen wäre. – Die Zitate stammen (in der gegebenen Reihenfolge) aus *Titus Andronicus, Hamlet* und *Maß für Maß*.